I0140526

LA DOTTRINA CRISTIANA

Agostino d'Ippona

LIBRO PUBBLICATO DA
LIMOVIA.NET

TWITTER:
@EBOOKLIMOVIA

ISBN: 978-1-78336-235-6

Voi siete da Dio, figlioli, e avete vinto questi falsi profeti, perché colui che è in voi è più grande di colui che è nel mondo. Costoro sono del mondo, perciò insegnano cose del mondo e il mondo li ascolta. Noi siamo da Dio. Chi conosce Dio ascolta noi; chi non è da Dio non ci ascolta. Da ciò noi distinguiamo lo spirito della verità e lo spirito dell'errore.

1 Giovanni 4: 4;6

Copyright: © 2013 limovia.net - All rights reserved

L'autore

Aurelio Agostino d'Ippona (latino: Aurelius Augustinus Hipponensis; Tagaste, 13 novembre 354 – Ippona, 28 agosto 430) è stato un filosofo,vescovo e teologo latino.

Padre, dottore e santo della Chiesa cattolica, dove è conosciuto semplicemente come sant'Agostino, è detto anche Doctor Gratiae ("Dottore della Grazia"). Secondo Antonio Livi, filosofo, editore e saggista italiano di orientamento cattolico, è stato «il massimo pensatore cristiano del primo millennio e certamente anche uno dei più grandi geni dell'umanità in assoluto».

Da quando Agostino fu ordinato sacerdote cominciò seriamente a interessarsi all'esegesi delle Sacre Scritture. Quest'opera, redatta in quattro libri, raccoglie la sua esperienza di commentatore biblico: i primi tre libri trattano della comprensione dei contenuti (res) e delle parole (signa), il quarto discorre della corretta esposizione dei contenuti (proferre).

Il commentatore dei testi sacri, in questo caso della Bibbia, deve ponderare bene le proprie ipotesi e obbligatoriamente valutarle alla luce della gemina caritas o «duplice carità» cristiana, presente in ogni parte della Sacra Scrittura: questo duplice amore, quello per Dio e quello per il prossimo, ne rappresenta il valore portante. Il lettore deve inoltre prestare molta attenzione alla comprensione delle parole che possono risultare sconosciute, spiegabili attraverso il confronto con le lingue greco-ebraiche, oppure quelle ambigue, che possono essere veramente comprese ricorrendo al testo originale o in alternativa consultando altre traduzioni a disposizione. Agostino dimostra qui uno spirito filologico di sensibilità molto elevata, ed elabora concetti di scientificità basilari per l'approccio alla comprensione di un testo.

Per quanto riguarda il proferre, l'autore ammette, a differenza di altri autori cristiani, l'uso della retorica classica purché miri alla creazione di una nuova retorica cristiana, che per essere tale deve essere esercitata da uomini meritevoli e integerrimi, ricordando il pensiero di Catone (un buon cittadino è un ottimo oratore).

Indice dei libri

PROLOGO.......................................7

LIBRO PRIMO................................15

LIBRO SECONDO............................57

LIBRO TERZO...............................129

LIBRO QUARTO............................189

NOTE PROLOGO...........................271

NOTE PRIMO LIBRO......................272

NOTE SECONDO LIBRO.................275

NOTE TERZO LIBRO.....................278

NOTE QUARTO LIBRO..................281

PROLOGO

Fine dell'opera.

1. Per l'esposizione delle Scritture ci sono delle norme che, a quanto mi sembra, possono essere presentate validamente a chi si dedica al loro studio. Con esse lo studioso potrà ricavare profitto non solo dalla lettura di quel che scopersero altri nei passi oscuri delle sacre Lettere, ma egli stesso potrà diventarne interprete per altri ancora. Mi sono pertanto deciso a comporre questa trattazione per coloro che vogliono e sono in grado d'apprendere tali norme, e mi auguro che Dio, nostro Signore, non mi neghi nello scrivere i doni che è solito elargirmi allorché penso a tale argomento. Prima d'iniziare la trattazione credo però che sia necessario rispondere a quanti mi muoveranno critiche o me le avrebbero mosse se prima non mi fossi fatto dovere di tacitarli. Che se anche dopo questa premessa ci saranno di quelli che mi muoveranno critiche, essi per lo meno non riusciranno a turbare gli altri né a farli passare da un utile interessamento alla pigrizia, madre d'ignoranza: cosa che avrebbero potuto conseguire se si fossero trovati di fronte a persone indifese e impreparate.

Previste difficoltà di critici e malevoli.

2. A questo nostro lavoro, dunque, alcuni solleveranno

critiche per non aver capito le norme che stiamo per impartire. Altri, volendo servirsi di quel che hanno compreso e cercando di esporre le divine Scritture a tenore delle presenti norme, siccome non riescono a scoprire e ad esporre quel che desideravano, si formeranno la convinzione che il mio lavoro è stato inutile e, non essendo loro personalmente aiutati dal presente scritto, lo riterranno inadatto per aiutare qualsiasi altro. C'è poi un terzo gruppo di critici, e sono coloro che o davvero riescono ad esporre bene le Sacre Scritture o, quanto meno, così opinano loro stessi. Senza leggere alcuna delle note che mi accingo a descrivere, sono certi - o almeno così pensano - di saper esporre i Libri sacri e sbraitano che delle presenti norme nessuno ha bisogno; che anzi per tutti i passi oscuri di quei libri che lodevolmente ci si sforza di dilucidare, il risultato si può conseguire con il [semplice] aiuto del dono di Dio.

Risposta alle diverse critiche.

3. Voglio rispondere brevemente a tutti costoro. E a quelli che non comprendono quanto da me scritto dico questo: non mi rimproverino perché non intendono il libro. Sarebbe come se volessero vedere l'ultima o la prima fase della luna o una qualche stella non troppo lucente. Io sto lì a mostrarle col dito puntato ma essi non hanno la vista nemmeno per vedere il mio dito. Non dovrebbero quindi prendersela contro di me. Poi ci sono coloro che,

anche conosciute e penetrate le presenti mie norme, non riescono a penetrare le parti difficili delle Sacre Scritture. Costoro vogliano considerarsi come chi è in grado di vedere il mio dito ma non le stelle per vedere le quali io lo tengo puntato. Ebbene, come quegli altri così anche questi cessino di rimproverarmi; preghino piuttosto perché da Dio sia loro concessa luce agli occhi. Se infatti a me è data facoltà di muovere uno dei miei membri per indicare un oggetto, non mi è data quella di illuminare gli occhi perché penetrino la mia dilucidazione e la cosa che voglio illustrare.

4. Ci sono poi quelli che assaporano la felicità di poter comprendere ed esporre i Libri santi anche senza le norme che io sto iniziando a fornire e pensano, per ciò stesso, che io mi proponga di scrivere cose superflue. La loro reazione dovrebbe essere però temperata, nel senso che, sebbene sia giusto che si rallegrino d'un così gran dono avuto da Dio, dovrebbero quanto meno ricordarsi che è stato ad opera di uomini che hanno imparato a leggere e scrivere. Non dovrebbero pertanto sentirsi offesi per quanto si dice del monaco egiziano Antonio, uomo santo e perfetto, il quale, senza alcuno studio di grammatica, col solo ascolto delle Sacre Scritture le riteneva a memoria e con la riflessione unita a saggezza ne penetrava il senso. C'è inoltre l'episodio di quello schiavo barbaro divenuto cristiano del quale in epoca recente abbiamo sentito parlare da uomini quanto mai seri e degni di fede. Costui avrebbe

imparato a leggere senza che alcuno glielo insegnasse ma con la sola preghiera, ottenendo che gli fosse rivelato con piena cognizione: con tre giorni di preghiera impetrò di scorrere leggendo il codice che alcuni gli presentavano, con stupore di quanti erano presenti.

5. Qualcuno forse riterrà false tutte queste cose; né io voglio accanirmi in senso contrario. In effetti la disputa è con dei cristiani che hanno la soddisfazione di conoscere le Sacre Scritture senza bisogno di uomini che li guidino, e pertanto, se così è, posseggono un bene vero e di non poco valore. Tuttavia debbono ammettere che ciascuno di noi ha imparato la propria lingua nella sua infanzia a forza di ascoltarla e, quanto alle altre lingue, - supponiamo il greco, l'ebraico o altra - l'hanno apprese o ascoltandole come sopra o mediante l'insegnamento di qualche persona. Inoltre, se fosse davvero così, potremmo esortare i fratelli a non insegnare queste cose ai loro piccoli, poiché in un batter d'occhio, alla venuta dello Spirito Santo, gli Apostoli ripieni del medesimo Spirito parlarono le lingue di tutte le genti 1, ovvero, se di tali effetti non beneficiano, diciamo loro che non si ritengano cristiani o dubitino d'aver ricevuto lo Spirito Santo. Viceversa, ciascuno apprenda con umiltà quanto deve essere imparato dall'uomo, e colui, ad opera del quale viene impartito l'insegnamento, senza insuperbirsi e senza provarne invidia, comunichi all'altro ciò che egli stesso ha

ricevuto. Né tentiamo colui nel quale abbiamo creduto, come faremmo se, ingannati dalle astuzie e dalla malvagità del nemico, non volessimo andare in chiesa ad ascoltare e apprendere il Vangelo o non volessimo leggerne il testo o ascoltare chi ce lo legge e lo espone predicando, attendendo d'essere rapiti al terzo cielo, sia col corpo sia senza il corpo - come dice l'Apostolo - e lassù ascoltare parole ineffabili, di cui all'uomo non è consentito parlare 2, o magari vedere, sempre nel cielo, il Signore Gesù Cristo e ascoltare da lui stesso, piuttosto che dall'uomo, l'annuncio evangelico.

Esempi illustrativi dell'assunto.

6. Guardiamoci da tali tentazioni frutto di grande superbia e assai pericolose. Pensiamo piuttosto all'apostolo Paolo. Sebbene abbattuto e istruito da una voce divina proveniente dal cielo, egli fu mandato da un uomo per ricevere i sacramenti ed essere inserito nella Chiesa 3. Così il centurione Cornelio. Un angelo gli annunziò che le sue orazioni erano state esaudite e le sue elemosine gradite a Dio; tuttavia, per essere catechizzato fu mandato da Pietro, dal quale non solo avrebbe ricevuto i sacramenti ma anche udito cosa avesse dovuto credere 4, sperare e amare. E in realtà tutte queste cose avrebbe potuto farle l'angelo stesso, ma se Dio avesse fatto capire di non voler dispensare la sua parola agli uomini per mezzo di altri uomini, la dignità dell'uomo ne sarebbe risultata sminuita. Come

infatti sarebbero state vere le parole: Santo è il tempio di Dio che siete voi 5, se Dio non avesse proferito i suoi oracoli da quel tempio che è l'uomo ma avesse fatto echeggiare dal cielo e per mezzo di angeli tutto quello che voleva rivelare agli uomini a loro istruzione? E finalmente un rilievo sulla carità che unisce gli uomini tra loro col vincolo dell'unità. Se gli uomini non avessero da imparare nulla dai propri simili, alla carità verrebbe tolta una via importante per conseguire la fusione e, per così dire, l'interscambio degli animi.

7. E qui, ovviamente, ricordiamo anche quell'eunuco che leggeva il profeta Isaia ma non lo comprendeva. L'Apostolo non lo mandò da un angelo, e ciò che non comprendeva né gli fu spiegato da un angelo né gli fu rivelato alla mente da Dio stesso senza l'intervento dell'uomo. Al contrario, per ispirazione divina, fu mandato a lui Filippo, che conosceva il profeta Isaia. Sedutosi con lui, Filippo con parole e linguaggio umano gli rese manifesto quanto si celava in quel passo scritturale 6. O che forse Dio non parlava con Mosè? Eppure costui, uomo sommamente avveduto e per nulla superbo, accettò il consiglio di reggere e governare il suo popolo, divenuto troppo numeroso, dal suocero che pur era uno straniero 7. Quell'uomo esimio infatti sapeva che, da qualunque persona fosse venuto un consiglio verace, lo si doveva attribuire non a quella persona ma a colui che è la verità, cioè a Dio che non è soggetto a mutazioni.

8. Un'ultima parola a tutti coloro che si gloriano di comprendere tutte le parti oscure della Bibbia per dono di Dio e senza essere istruiti con norme umane. È certamente retta la loro opinione quando ritengono che tale facoltà non è risorsa loro, quasi derivata da loro stessi, ma elargita da Dio. E pertanto essi cercano la gloria di Dio e non la propria: leggono e capiscono senza che altri uomini vengano a spiegare. Ma allora perché loro stessi si industriano di spiegare agli altri e non piuttosto li lasciano all'azione di Dio, affinché anch'essi apprendano non tramite l'uomo ma da Dio che li illumina interiormente? Senza dubbio temono di sentirsi dire dal Signore: Servo cattivo, avresti dovuto dare il mio denaro ai banchieri 8. Come dunque costoro, o scrivendo o parlando, comunicano agli altri le cose comprese, così (la cosa è ovvia) neanche io debbo essere messo sotto processo se paleserò non solo cose da comprendersi ma anche quelle che, una volta comprese, debbono essere praticate. E questo, sebbene nessuno debba ritenere come sua proprietà esclusiva cosa alcuna, ad eccezione forse della falsità. Ogni cosa vera infatti viene da colui che diceva: Io sono la verità 9. Cosa abbiamo infatti che non l'abbiamo ricevuta? E se l'abbiamo ricevuta, perché gloriarci come se non l'avessimo ricevuta? 10

9. Chi legge un libro davanti a degli uditori, certo enunzia delle espressioni che conosce, chi invece insegna le lettere con cui il libro è scritto mira a

questo: che anche gli altri lo sappiano leggere; tuttavia e l'uno e l'altro impartono insegnamenti su cose da loro imparate. Così è anche di colui che espone a degli uditori quel che ha compreso nelle Scritture: egli fa da lettore e pronunzia delle lettere a lui note. Viceversa colui che dà delle norme sul modo di comprenderle è come colui che insegna la grammatica, cioè colui che dà norme per saper leggere. Di conseguenza, come chi sa leggere, quando si trova di fronte a un testo non ha bisogno di un altro che gli legga cosa vi sta scritto, così è di colui che ha appreso le norme che ci sforziamo d'esporre. Quando nei libri sacri troverà delle oscurità, essendo fornito di regole, come di forme grammaticali, non ha bisogno d'un altro già istruito che gli sveli quello che vi è nascosto. Trovati certi sentieri, egli stesso saprà giungere senza deviazioni a scoprire il senso occulto o, certamente, non cadrà nell'assurdo di qualche interpretazione errata. Detto questo, dall'opera stessa apparirà a sufficienza non essere giusto che alcuno contesti con fondamento questo nostro lavoro, che io considero un impegno. Tuttavia, se con questo proemio avremo risposto, come pare, adeguatamente a tutti gli oppositori, di qualsiasi genere, sia pure di questo tono l'inizio (così ci viene in mente) che ci apre la via per la quale vogliamo addentrarci nel libro.

LIBRO PRIMO

Aiuto divino necessario per trattare questioni scritturali.

1. 1. Ogni ricerca sulla Scrittura poggia su due tematiche: come trovare ciò che occorre comprendere e come esporre ciò che si è compreso. Tratteremo quindi prima di come trovare e poi di come esporre. Impresa grande e ardua! e, se difficile a continuarla, temo che sia temerario intraprenderla. E così sarebbe effettivamente se confidassimo solo in noi stessi. La speranza di comporre quest'opera è tuttavia riposta in colui dal quale abbiamo già ricevuto molte idee su questo argomento, idee che conserviamo nella memoria, sicché non temiamo che egli cessi di somministrarci anche il resto quando avremo cominciato ad erogare quello che ci è stato già dato. Ogni cosa, infatti, che non si esaurisce quando la si dona, se la si possiede senza distribuirla, non la si possiede come occorrerebbe possederla. Egli però diceva: A chi ha sarà dato 1. Darà quindi a chi ha, vale a dire: a chi usa con larghezza di cuore le cose che ha ricevute egli darà in pienezza e moltiplicherà quello che aveva dato. Prima che si cominciasse a distribuirli a quella gente affamata, i pani erano una volta cinque e un'altra sette, ma quando s'iniziò la distribuzione si riempirono cesti e sporte, saziate che furono tutte quelle migliaia di uomini 2. Come

dunque quel pane crebbe mentre veniva spezzato, così, per ispirazione divina, il materiale che il Signore già ci ha somministrato perché l'opera venisse iniziata si moltiplicherà man mano che procederemo nel dispensarlo. In questo nostro attuale servizio, pertanto, non solo non patiremo scarsità ma ci rallegreremo, anzi, di un'abbondanza stupefacente.

Cosa in sé e cosa come segno.

2. 2. Ogni disciplina ha per oggetto o delle cose o dei segni, ma è attraverso i segni che si apprendono le cose. Strettamente parlando io ho dato il nome di cose a tutto ciò che non viene usato per significare qualcosa di diverso da sé, come quando si dice legno, pietra, animale o cose simili. Non si deve, in tal caso, pensare a quel legno che Mosè gettò nelle acque amare perché perdessero la loro amarezza 3, né a quella pietra che Giacobbe si pose sotto la testa 4, né a quell'animale che Abramo immolò invece del figlio 5. Queste sono, sì, cose in sé, ma costituiscono anche segni di altre cose. Quanto poi ai segni, ce ne sono alcuni che non servono ad altro che a significare: tali sono le parole. Nessuno infatti usa le parole se non per significare qualcosa. Da qui si comprende cosa io voglio indicare col termine " segno ": ogni cosa, cioè, che si usa per significare qualcos'altro. Pertanto, ogni segno è anche una qualche cosa, poiché ciò che non è una cosa è niente. Non ogni cosa però è anche segno. Posta questa

distinzione fra cose e segni, quando parleremo di cose ne parleremo in modo tale che, anche se alcune di loro possono essere usate per significare qualcos'altro, non sia ostacolata la distinzione che consente di parlare prima delle cose e poi dei segni. Inoltre ricordiamo bene che al momento presente nelle cose ci proponiamo di considerare ciò che sono in se stesse, non il fatto che, al di là di se stesse, significano qualcosa d'altro.

Classificazione delle cose.

3. 3. Riguardo alle cose, alcune sono fatte per goderne, altre per usarne, altre invece sono capaci di godere e di usare. Le cose fatte per goderne sono quelle che ci rendono beati; dalle cose presenti invece, che bisogna solo usare, veniamo sorretti nel nostro tendere alla beatitudine. Di esse, per così dire, ci equipaggiamo per poter giungere a quelle che ci rendono beati e aderir loro. Quanto a noi, che poi siamo quelli che o godiamo o usiamo quelle altre cose, ci troviamo nel mezzo fra le une e le altre e, se vogliamo godere delle cose di cui dobbiamo solo servirci, la nostra corsa è ostacolata e qualche volta diviene anche tortuosa, con la conseguenza che, ostacolati appunto dall'amore per ciò che è inferiore, siamo o ritardati o anche distolti dal conseguire quelle cose di cui si deve godere.

Godimento ed uso delle diverse cose.

4. 4. Godere infatti di una cosa è aderire ad essa con amore, mossi dalla cosa stessa. Viceversa il servirsi di una cosa è riferire ciò che si usa al conseguimento di ciò che si ama, supposto che lo si debba amare. Per cui, un uso illecito è da chiamarsi abuso o uso abusivo. Facciamo ora l'ipotesi che siamo degli esuli, e quindi che non possiamo essere felici se non in patria. Miseri per tale esilio e desiderosi di uscire da tale miseria, vorremmo tornare in patria e per riuscire a tornare alla patria, che costituisce il nostro godimento, avremmo bisogno di servirci di mezzi di trasporto o marini o terrestri. Che se ci arrecassero piacere le bellezze del viaggio o magari l'essere portati in carrozza, ecco che, rivolti a trarre godimento da ciò che invece avremmo dovuto usare solamente, non vorremmo che il viaggio finisca presto e, invischiati in una dolcezza falsa, resteremmo lontani dalla patria la cui dolcezza ci renderebbe felici appieno. Ne segue che, se in questa vita mortale, dove siamo pellegrini lontano dal Signore 6, vogliamo tornare alla patria dove potremo essere beati, dobbiamo servirci del mondo presente, non volerne la fruizione. Attraverso le cose create comprese con l'intelletto cercheremo di scoprire gli attributi invisibili di Dio 7, o, in altre parole, per mezzo di cose corporee e temporali attingeremo le cose eterne e spirituali.

Oggetto del nostro godere è solo Dio-Trinità.

5. 5. Le cose di cui bisogna appieno godere sono dunque il Padre, il Figlio e lo Spirito Santo, cioè la Trinità, che è la più eccelsa di tutte le cose, una " cosa " comune a tutti coloro che ne godono, seppure è una cosa e non la causa di tutte le cose e se anche questo termine " causa " le è appropriato. Non è infatti facile trovare un nome adatto a un essere così sublime, ma, meglio che con altri, la si dice Trinità: un solo Dio dal quale, per il quale e nel quale sono tutte le creature 8. Così il Padre e il Figlio e lo Spirito Santo ciascuno è Dio e tutti insieme sono un solo Dio; ciascuna di queste Persone è sostanza completa e tutte insieme un'unica sostanza. Il Padre non è né il Figlio né lo Spirito Santo, il Figlio non è il Padre né lo Spirito Santo, lo Spirito Santo non è né il Padre né il Figlio; ma il Padre è solamente Padre, il Figlio solamente Figlio, lo Spirito Santo solo Spirito Santo. Eppure ai Tre compete la stessa eternità, la stessa incomunicabilità, la stessa maestà, la stessa onnipotenza. Nel Padre c'è l'unità, nel Figlio l'uguaglianza, nello Spirito Santo l'armonia dell'unità con l'uguaglianza. E queste tre cose sono tutte uno a causa del Padre, sono tutte uguali per il Figlio, comunicanti fra loro a causa dello Spirito Santo.

Dio ineffabile gradisce la nostra lode.

6. 6. Abbiamo detto qualcosa o abbiamo espresso

qualcosa degno di Dio? Certamente! Sento di non avere avuto altra intenzione che dire questo. Ma se ciò ho detto, non ho raggiunto l'oggetto di cui volevo parlare. E questo come mi risulta? Dal fatto che Dio è ineffabile, mentre quello che è stato detto da me, se fosse stato ineffabile non avrei potuto dirlo. Ne segue che Dio non è da dirsi ineffabile poiché quando di Lui si dice questa prerogativa si dice qualcosa: per cui vien fuori un contrasto di parole, in quanto, se per ineffabile intendiamo ciò di cui non si può dire nulla, non è ineffabile un essere di cui si può affermare almeno che è ineffabile. Questo contrasto di parole è piuttosto da evitarsi col tacerne che conciliarlo col parlarne. In effetti, Dio, di cui non si può affermare nulla che gli si adatti, ha permesso che la voce umana lo elogiasse e ha voluto farci godere della sua lode espressa dalle nostre voci. È per questo che si è lasciato chiamare Dio. Non che lo si conosca nella sua realtà quando risuonano queste due sillabe, ma, per quanti conoscono il latino, quando il suono di queste sillabe giunge al loro orecchio li sospinge a pensare alla natura di un essere supremo e immortale.

Varie concezioni della Divinità.

7. 7. Ci sono alcuni che immaginano, nominano e venerano altri dèi o in cielo o in terra. Orbene, anche da costoro quando, fra tutti gli dèi, si pensa all'unico Dio, lo si pensa come una realtà di cui nessun'altra è migliore e della quale il pensiero non può

raggiungerne un'altra superiore. È un fatto che costoro sono attratti da beni diversi, che dicono riferimento, alcuni ai sensi del corpo, mentre altri all'intelletto, che è dote dell'anima. Orbene, quelli che sono asserviti ai sensi del corpo ritengono come Dio degli dèi o il cielo o ciò che nel cielo scorgono maggiormente splendente o lo stesso universo; ovvero, se tentano di valicare i confini del mondo, immaginano qualche essere luminoso e con fantasticherie infondate lo suppongono o infinito o di quella forma che loro sembra la migliore; oppure, se lo riscontrano preferibile a tutto il resto, lo immaginano configurato al corpo dell'uomo. Che se non credono che ci sia un Dio solo, superiore agli altri dèi, e ritengono che molti, anzi innumerevoli, siano gli dèi e tutti dello stesso grado, nel cuore se li tengono raffigurati secondo quella realtà corporea che a ciascuno sembra la più elevata. Al contrario, coloro che mediante l'intelletto si spingono fino a vedere ciò che è [l'unico] Dio, lo suppongono superiore a tutti gli esseri visibili e corporei e anche intelligenti e spirituali: superiore insomma a tutti gli esseri mutevoli. Sono tutti schierati a gara nell'asserire la [suprema] eccellenza di Dio, né troveresti alcuno che ritenga esserci qualcosa superiore a Dio. Pertanto, tutti convengono nel dire che Dio è quell'essere che essi collocano più in alto di tutte le altre cose.

Il vero Dio dev'essere vivo e sapiente.

8. 8. Tutti coloro che si pongono il problema di Dio lo pensano come una realtà vivente; e nei suoi riguardi possono avere un'idea non assurda e non indegna di Dio solo coloro che hanno raggiunto il concetto di " vita ". Qualunque sia la forma corporea che vogliano supporre, prima appurano se essa vive o non vive e a quella che non vive antepongono quella che vive. Ed ora eccoci ad una forma corporea vivente. Può splendere della più viva luce, può giganteggiare per la più grande mole, può essere adorna della più suggestiva bellezza; ma una cosa è la forma corporea in se stessa, un'altra cosa è la vita che la fa vegetare. Lo capiscono tutti, e tutti preferiscono, per la sua dignità incomparabilmente superiore, la vita al corpo che essa fa vegetare e anima. Successivamente proseguono esaminando la vita in se stessa. Se la trovano solo a livello vegetativo e priva di sensitività, com'è quella delle piante, le preferiscono la vita capace di sentire, com'è quella degli animali. A questa poi preferiscono la vita intellettiva, com'è quella dell'uomo. Ma avanti! Quando s'accorgono che la vita dell'uomo è mutevole, sono costretti a preferire a questa vita un'altra che sia immutabile: non una vita cioè che ora non sappia ora sappia ma che sia la stessa Sapienza. In effetti una mente sapiente, in possesso cioè della sapienza, prima che la possedesse non era sapiente; la stessa Sapienza, viceversa, non fu mai priva di sapienza né l'avrebbe potuto mai essere.

Se tale Sapienza gli uomini non l'avessero veduta, non avrebbero mai potuto preferire con assoluta sicurezza la vita immutabilmente sapiente alla vita soggetta a mutazioni. Vedono infatti che è immutabile la stessa norma della verità in forza della quale asseriscono a gran voce che quel primo genere di vita è migliore; e questo genere di vita non lo riscontrano se non al di sopra della propria natura poiché, guardando a se stessi, si sentono mutevoli.

Dio è vita e sapienza immutabile.

9. 9. Non c'è infatti alcuno tanto sfrontato quanto cretino che dica: Ma come si può sapere che una vita incommutabilmente sapiente deve preferirsi a una vita mutevole? Difatti la cosa di cui mi domanda come io la sappia è alla portata di tutti per essere osservata in comune da tutti e in modo stabile. Chi non vede cose come questa è un cieco in faccia al sole, un cieco al quale non dice niente lo splendore di una luce così intensa e immediata che si riversa sulle pupille dei suoi occhi. Chi poi vede queste cose e se ne allontana ha reso inerte l'attività della sua mente assuefacendosi all'ombra delle cose carnali. In effetti, coloro che fanno così provano una ripulsa nei riguardi della patria eterna come per delle emanazioni di senso contrario derivanti dai loro cattivi costumi. Si pongono quindi al seguito delle cose più vili e più basse, piuttosto che delle altre che pur asseriscono essere migliori e più eccellenti.

I puri di cuore vedranno Dio.

10. 10. Bisogna dunque essere in grado di godere in pienezza di quella verità che vive non soggetta a mutamenti e sapere che in tale verità Dio Trino, autore e creatore dell'universo, provvede alle cose che ha creato. A tal fine occorre purificare l'anima perché possa fissare quella luce e restare attaccate a quello che ha veduto. Questa purificazione consideriamola come una specie di cammino o di navigazione verso la patria. In realtà, per avvicinarci a colui che è presente dovunque, non ci si muove con moto locale ma con buoni desideri e buoni costumi 9.

L'uomo salvato dalla debolezza di Dio.

11. 11. Una cosa di questo genere ci sarebbe impossibile se la stessa Sapienza non si fosse degnata abbassarsi fino alla nostra debolezza, veramente grande, e non ci avesse dato l'esempio di come vivere non scegliendo altra via che facendosi uomo, poiché noi siamo uomini. Ora, se è pacifico che noi andando a lui operiamo saggiamente, quanto a lui e alla sua venuta fra noi, l'uomo superbo ritenne che avesse agito quasi con stoltezza. Inoltre, siccome noi quando andiamo da lui acquistiamo vigore, si credette di lui che, venuto fra noi, si fosse come indebolito. Viceversa, quello che in Dio è stolto è più sapiente degli uomini e quello che in Dio è debole è più forte degli uomini 10. Essendo dunque Lui la patria, si è

voluto fare per noi via per cui giungere alla patria.

12. 11. Essendo [Cristo-sapienza] presente dovunque all'occhio interiore puro e sano, si è degnato apparire agli occhi carnali di coloro che hanno quell'occhio interiore malato e impuro.difatti, siccome il mondo con la sua sapienza era incapace di conoscere Dio, nel sapiente piano di Dio, egli si compiacque di salvare con la stoltezza della predicazione quelli che avrebbero creduto11.

Il sapiente piano di Dio rivelato a chi crede.

12. 12. Di Lui si dice che è venuto a noi non nel senso che abbia attraversato degli spazi ma nel senso che si è fatto vedere ai mortali in una carne mortale. Venne dunque in un luogo dove già era, poiché egli era in questo mondo, anzi il mondo fu creato per opera sua 12. Gli uomini però si erano lasciati prendere dalla insana voglia di godere della creatura invece che del Creatore e, configurati con questo mondo, giustissimamente erano stati chiamati mondo 13. Non lo avevano quindi conosciuto, sicché l'Evangelista dice: E il mondo non lo conobbe 14. Nel piano sapiente di Dio pertanto il mondo non fu in grado di conoscere Dio mediante la Sapienza, poiché, in effetti, essa già stava quaggiù. Ma allora perché venirvi se non perché Dio si compiacque di salvare quelli che credono mediante la stoltezza della predicazione?

Il Verbo s'incarna rimanendo immutabile.

13. 12. E come venne a noi se non in quanto il Verbo si fece carne ed abitò fra noi 15? Un esempio: quando noi parliamo, affinché quel che noi abbiamo nell'animo si comunichi, attraverso gli orecchi, all'animo di chi ci ascolta, la parola chiusa nel nostro cuore diventa suono e si chiama linguaggio. Tuttavia il nostro pensiero non si tramuta in quel suono, anzi, restando intero in se stesso, assume la forma di voce con cui penetra negli orecchi, e ciò senza subire alcuna menomazione a causa del suo mutamento. Così è stato del Verbo di Dio: non subì alcun mutamento, ma si fece carne per abitare in mezzo a noi.

Cristo, sapienza incarnata, medico dell'umanità.

14. 13. Come poi qualsiasi cura è la via per recuperare la salute, così fu della cura adottata da Dio: si rivolse a dei peccatori per guarirli e rimetterli in salute. E come quando i medici fasciano le ferite lo fanno non alla buona ma con arte, per cui dalla fasciatura deriva non solo un'utilità ma anche una specie di bellezza, così è stato della medicina della Sapienza quando, assumendo l'umanità, si è adeguata alle nostre ferite. Certuni li ha curati con rimedi contrari, altri con rimedi congeneri. Si è comportata come colui che cura le ferite del corpo. Usa, a volte, rimedi contrari, come quando applica cose fredde a

ciò che è caldo, cose bagnate a ciò che è asciutto o altri simili rimedi. Usa anche dei rimedi congeneri, come una benda rotonda a una ferita rotonda, una benda allungata per una ferita di forma allungata e, quando esegue la fasciatura, non la fa identica per tutte le membra ma fatta su misura per ogni singolo membro. Così fece la Sapienza di Dio quando volle curare l'uomo: per guarirlo gli offrì se stessa e divenne medico e medicina. Pertanto, siccome l'uomo era caduto a causa della superbia, per guarirlo usò l'umiltà. Fummo ingannati dalla astuta sapienza del serpente; veniamo liberati dalla stoltezza di Dio. Ma come Egli, che si chiamava Sapienza - era però stoltezza per quanti disprezzano Dio -, così, di nuovo, Egli, chiamato stoltezza, è Sapienza per quanti vincono il diavolo. Noi usammo male dell'immortalità e ci procurammo la morte; Cristo, usando bene della sua condizione mortale, ha fatto sì che riavessimo la vita. Corrotto che fu l'animo di una donna, entrò nel mondo la malattia; la salute è a noi derivata dal corpo di una donna rimasto integro. Allo stesso sistema dei contrari è da ascriversi anche il fatto che con l'esempio delle sue virtù vengono curati i nostri vizi. In una parola, una sorta di fasciature similari applicate alle nostre membra ferite potrebbero considerarsi l'essere Egli nato da una donna per liberare i sedotti da una donna e poi l'aver liberato, lui uomo gli uomini, lui mortale i mortali, i morti in virtù della sua morte. A chi volesse considerare le cose con maggiore accuratezza e non fosse sospinto in avanti dalla necessità di completare l'opera intrapresa, dall'esame dei rimedi, o contrari o simili, della medicina cristiana apparirebbe una dottrina più ampia e diversificata.

Cristo morto, risorto e giudice supremo.

15. 14. Noi crediamo nella resurrezione del Signore dai morti. Questo evento insieme con l'ascensione al cielo, dà alla nostra fede l'appoggio di una grande speranza. Colui che possedeva la vita in modo da poterla riprendere 16 ci mostra molto efficacemente la libertà con cui ha voluto donarla per noi. Di quale fiducia dunque non si animerà la speranza dei credenti, se considerano chi ha sofferto tanti patimenti per coloro che ancora non credevano! Ora si aspetta che venga dal cielo giudice dei vivi e dei morti: così Egli incute ai pigri un gran timore che li fa convertire e diventare premurosi e fa sì che lo desiderino vivendo bene piuttosto che temerlo comportandosi male. Con quali parole si potrà descrivere o con quale acume di pensiero si potrà comprendere il premio che Egli darà alla fine? Fin d'ora per consolarci del nostro pellegrinaggio ci dà tanta ricchezza del suo Spirito, che nelle avversità della vita presente già abbiamo viva speranza e carità verso di lui, che ancora non vediamo, e ancora altri doni, propri di ciascuno, mediante i quali si arricchisce la sua Chiesa 17. Per questi doni eseguiamo non solo senza rimostranze ma

anche con gioia quello che Egli ci mostra doversi fare.

La Chiesa corpo e sposa di Cristo.

16. 15. La Chiesa infatti è il suo corpo - come suggerisce l'ammaestramento dell'Apostolo 18 -; anzi la si chiama anche sua sposa 19. Questo suo corpo dunque, dotato di molte membra che esplicano diverse funzioni 20, egli lo stringe con il vincolo dell'unità e della carità, che costituiscono come un segno della buona salute. In questo tempo lo allena o lo purifica con certe sofferenze di carattere medicinale, affinché, sottraendo la Chiesa dagli influssi di questo mondo, se la unisca in eterno come sposa senza macchia né ruga o cose del genere 21.

Cristo, rimettendo i peccati, ha aperto la via verso la patria

17. 16. È peraltro da notarsi che noi siamo in via - una via non consistente in luoghi ma in affetti - e che questa via fu un tempo sbarrata da una specie di siepe spinosa, cioè dalla malizia dei nostri peccati passati. Cosa quindi avrebbe dovuto fare, nella sua grande liberalità e misericordia, colui che si stese a terra per noi, sicché noi potessimo tornare [in patria], se non condonare i peccati a quanti si sarebbero volti indietro e, crocifisso per noi, rimuovere la proibizione che ci impediva di tornare [in patria] e che era

profondamente conficcata in noi?

Alla Chiesa Cristo affida poteri divini.

18. 17. Ebbene, queste chiavi egli le diede alla sua Chiesa, di modo che tutto quello che lei avesse sciolto sulla terra sarebbe stato sciolto nel cielo e tutto quello che avesse legato sulla terra sarebbe stato legato nel cielo 22. Vale a dire: chiunque si rifiuta di credere che nella Chiesa gli sono rimessi i peccati non gli sono rimessi, a differenza di colui che vi crede e, correggendosi della sua malizia, se ne allontana. Costui, tornato in seno alla Chiesa, viene guarito dalla sua stessa fede unita alla disciplina penitenziale. Chiunque invece non crede che gli possano essere rimessi i peccati, con la sua disperazione si mette in una situazione peggiore, pensando quasi che non gli resti altro di meglio che seguitare ad essere cattivo, dal momento che non crede nel frutto della sua conversione.

Morte e risurrezione dell'anima e del corpo.

19. 18. Per l'anima è una specie di morte l'abbandono della vita e della condotta che antecedentemente aveva conseguito mediante la conversione. Allo stesso modo è per il corpo: sua morte è la cessazione della sua antecedente animazione. Orbene, come l'anima mediante la conversione con cui dà morte alla sua perfida condotta di prima acquista una nuova e

migliore forma, così anche il corpo, dopo la morte temporale alla quale tutti siamo astretti per il vincolo del peccato, è da credersi e sperarsi che, al tempo della risurrezione, si cambierà in meglio, di modo che non saranno più la carne o il sangue a possedere il regno dei cieli: cosa, questa, che sarebbe impossibile. Questo corpo corruttibile rivestirà l'incorruttibilità e questo corpo mortale rivestirà l'immortalità 23, né ci recherà alcuna molestia poiché non avrà a soffrire alcuna privazione in quanto sarà vivificato con somma quiete da un'anima beata e perfetta.

La pena della seconda morte.

20. 19. L'anima di colui che non muore a questo mondo e non si decide a conformarsi alla Verità, con la morte del corpo viene coinvolta in una morte più grave e non rivivrà se non per subire delle pene, e non per cambiare la sua vita con la condizione celeste.

Retribuzione finale dei buoni e dei cattivi.

21. 19. Questo contiene la fede e così è da credersi che stiano le cose: né l'anima né il corpo dell'uomo andranno completamente distrutti ma gli empi risorgeranno per subire delle pene inimmaginabili mentre i buoni risorgeranno per la vita eterna 24.

Motivo per amarci a vicenda.

22. 20. Fra tutte le cose passate in rassegna, di quelle sole si deve godere che abbiamo ricordato essere eterne e immutabili; delle altre ci si deve solo servire e servircene in modo da giungere al godimento delle altre. Notare qui che noi, che o godiamo o usiamo le altre cose, siamo in certo qual modo delle cose. E in effetti l'uomo è una cosa grande perché fatto a immagine e somiglianza di Dio 25: non quindi in quanto è incluso in un corpo mortale ma in quanto è superiore alle bestie per la dignità dell'anima razionale. Da cui sorge il gran problema se gli uomini debbano godere di se stessi o servirsi di se stessi o fare tutte e due le cose. È vero infatti che ci è stato comandato di amarci gli uni gli altri 26, ma è discusso se l'uomo debba essere amato dal suo simile per se stesso o in vista di qualcos'altro. Se lo si ama per se stesso, si gode di lui; se lo si ama in vista di altri, si fa uso di lui. Quanto a me, mi sembra che lo si debba amare in rapporto a qualcos'altro, poiché in ciò che si deve amare per se stesso si consegue la vita beata, dalla quale al presente siamo consolati sebbene non la possediamo nella realtà ma ne abbiamo solo la speranza. Maledetto però l'uomo che ripone nell'uomo la sua speranza 27.

Amare per godere del bene indefettibile.

22. 21. Se vi si riflette convenientemente, nemmeno

di se stesso è lecito godere, tant'è vero che nessuno può amare se stesso per se stesso ma in vista di colui del quale si deve godere. In realtà, l'uomo è allora perfetto quando tutta la sua vita è orientata verso la vita immutabile e si unisce a lei con tutto il cuore. Se invece uno si ama per se stesso, non si riferisce a Dio ma ripiega su se stesso, e non essendo rivolto a qualcosa di immutabile, gode sì, di se stesso ma esperimenta numerose lacune. È infatti più perfetto quando aderisce totalmente e totalmente si lascia incatenare dal bene incorruttibile che non quando da quel bene si distacca per ripiegarsi sia pure su se stesso. Se dunque devi amare te stesso non per te stesso ma in ordine a colui in cui si trova, quando è sommamente ordinato, il fine del tuo amore, non si adiri un altro uomo se ami anche lui in riferimento a Dio. In questo modo infatti è stata stilata da Dio la legge dell'amore: Amerai, dice, il prossimo tuo come te stesso 28, ma Dio lo amerai con tutto il cuore, con tutta l'anima e con tutta la mente 29. Il che vuol dire che devi riferire tutti i tuoi pensieri e tutta la vita e tutta l'intelligenza a colui dal quale hai ricevuto quei beni che con lui confronti. Dicendo poi: Con tutto il cuore, con tutta l'anima, con tutta la mente, non ha lasciato alcuna parte della nostra vita cui sia consentito starsene oziosa né le ha dato spazio di godere cose diverse da lui, ma, qualunque cosa si affacci al cuore per essere amata, deve essere sospinta là dove tende impetuoso tutto lo slancio dell'amore.

Chi pertanto ama rettamente il prossimo questo deve da lui ottenere: che anch'esso ami Dio con tutto il cuore, con tutta l'anima e con tutta la mente. Amandolo in tal modo come se stesso, convoglia tutto l'amore che ha per se stesso e per l'altro a quell'amore di Dio che non tollera che alcun ruscello, anche se piccolo, sia dirottato fuori di sé perché da ogni dispersione di acqua ne risulterebbe diminuito.

Non sia identico l'amore per le diverse cose.

23. 22. Quanto alle cose di cui è lecito servirsi, non sono tutte da amarsi ma soltanto quelle che insieme con noi per una certa unione si riferiscono a Dio, come sono gli uomini e gli angeli, o quelle che, dicendo relazione a noi, per nostro mezzo ricevono i benefici di Dio di cui hanno bisogno. Così è il nostro corpo. In effetti, i martiri non amarono il delitto commesso dai loro persecutori, del quale tuttavia si servirono per meritarsi Dio. Quattro dunque sono le cose che dobbiamo amare: una è sopra di noi, un'altra siamo noi stessi, una terza ci è assai vicina, una quarta è inferiore a noi. Riguardo alla seconda e alla quarta non occorreva che ci venisse dato alcun precetto, poiché l'uomo, per quanto devii dalla verità 30 conserva sempre l'amore per se stesso e per il suo corpo. Infatti l'animo che fugge lontano dalla luce immutabile che regna su tutte le cose fa ciò per regnare da re assoluto su se stesso e sul suo corpo, per cui non può non amare se stesso e il suo corpo.

Amore encomiabile e amore biasimevole.

23. 23. L'uomo poi ritiene di aver conseguito qualcosa di grande se gli riesce di dominare i propri simili, cioè gli altri uomini; anzi, in certi spiriti viziosi si caccia il desiderio - e se lo rivendicano come un loro diritto - di avere quelle cose che propriamente sono dovute a Dio solo. Un tale amore di se stesso dovrebbe più esattamente chiamarsi odio; ed è una cosa ingiusta in quanto l'uomo pretende che lo serva chi gli è inferiore mentre lui stesso si rifiuta di servire chi gli è superiore. A proposito è stato detto con estrema esattezza: Chi ama l'iniquità odia la sua anima 31. E per tale motivo l'animo si infiacchisce e viene tormentato dal corpo mortale. Di necessità infatti l'animo deve amare il corpo e invece è gravato dal peso della sua mortalità. L'immortalità e l'incorruttibilità provengono in effetti al corpo dalla salute dello spirito, ma la salute dello spirito sta nell'aderire fermissimamente a chi è più eccellente di lui, cioè Dio immutabile. Quanto poi a colui che brama dominare anche gli altri che per natura sono simili a lui, cioè gli altri uomini, questo è proprio una superbia intollerabile.

Se e come debba amarsi il corpo.

24. 24. Non c'è dunque alcuno che odii se stesso: sicché al riguardo mai c'è stata controversia con una qualche sètta. E anche riguardo al corpo, nessuno lo

odia, ed è vero quello che dice l'Apostolo: Nessuno ha mai odiato la sua propria carne 32. Che se alcuni dicono di preferire ad ogni costo di essere senza corpo, essi dicono una falsità: odiano infatti non il loro corpo ma la sua corruttibilità e pesantezza. Per cui non è che non vogliano avere nessun corpo ma lo vorrebbero incorruttibile e sommamente agile, deducendone però che, se il corpo fosse così, non sarebbe più corpo ma anima. Riguardo poi a coloro che sembrano quasi infierire contro il loro corpo per la continenza che praticano o le fatiche che affrontano, coloro che ciò fanno rettamente non si comportano così per non avere il corpo ma per averlo soggetto a se stessi e pronto alle opere necessarie. Combattendo faticosamente contro il proprio corpo si allenano ad estinguere le passioni che vorrebbero servirsi malamente del corpo, vale a dire tutte quelle abitudini o inclinazioni che portano l'anima a godere delle cose inferiori. Tant'è vero che costoro non si uccidono ma hanno cura della loro salute.

Le radici del conflitto fra carne e spirito.

24. 25. Una parola su coloro che, agendo in maniera perversa, dichiarano guerra al loro corpo quasi che naturalmente sia un loro nemico. Sono ingannati dalle parole che leggono: La carne ha desideri contrari a quelli dello spirito e lo spirito desideri contrari a quelli della carne: sono infatti in opposizione fra loro 33. Ciò è stato detto a motivo del comportamento

della carne, che si presenta indomabile e contro la quale lo spirito ha desideri contrastanti, non nel senso che vuole sopprimere il corpo ma nel senso che, domata la sua concupiscenza - cioè la sregolatezza del suo vivere -, lo rende soggetto allo spirito, come postula l'ordine naturale. Dopo la risurrezione infatti le cose staranno così: il corpo avrà il vigore dell'immortalità e sarà soggetto allo spirito in maniera totale e con somma docilità. Altrettanto si deve conseguire in questa vita facendo sì che le esigenze della carne si mutino in meglio e non resistano allo spirito con moti disordinati. Finché questo non si realizza, la carne ha desideri contrari a quelli dello spirito e lo spirito desideri contrari a quelli della carne. Lo spirito si oppone non per odio ma per esigenze di primato: vuole infatti che il corpo da lui amato sia soggetto maggiormente a chi gli è superiore. Né la carne resiste mossa da odio ma per il legame, diventato consuetudine, che, derivato dai progenitori e inveterato con il propagarsi, le si è appicciato con la forza di una legge di natura. Ora questo compie lo spirito quando doma la carne: annulla i patti disordinati - chiamiamoli così - della cattiva consuetudine e costruisce la pace della consuetudine buona. D'altronde neppure coloro che fuorviati da false ideologie detestano il loro corpo, sarebbero disposti a farsi cavare un occhio, anche se non ne provassero dolore e anche se in quello che loro rimane ci fosse tanta vigoria visiva quanta ne era in tutti e due. A meno che non fossero a ciò costretti da qualcosa di più importante. Con questa prova e altre simili si mostra a sufficienza, a coloro che cercano la verità senza ostinarsi [nell'errore], quanto sia vera l'affermazione dell'Apostolo quando dice: Nessuno ha mai odiato la propria carne, aggiungendo anche: Ma la nutre e custodisce, come Cristo la Chiesa 34.

Il corpo e la sua salute sono amati da tutti.

25. 26. All'uomo è da tracciarsi una norma concernente l'amore, cioè insegnargli come deve amare se stesso in maniera vantaggiosa. Che infatti egli si ami e voglia rendersi utile a se stesso, sarebbe insensato dubitarne. Una norma è da imporgli anche sul modo di amare il suo corpo, perché vi provveda in modo ordinato e saggio. Che infatti egli ami il suo corpo e che desideri averlo sano e incolume è, come detto sopra, cosa pacifica. Qualcuno, in verità, potrebbe amare qualcos'altro più che non la salute e l'incolumità del suo corpo. E di fatto si trovano molte persone che hanno sostenuto volontariamente dolori e la perdita di alcune membra, ma ciò facevano per conseguire finalità che loro stavano più a cuore. Non si deve quindi dire di nessuno che non ami la salute e l'incolumità del proprio corpo per il fatto che ama di più un'altra cosa. Prendiamo il caso dell'avaro. Sebbene ami il denaro, si compra tuttavia il pane, e, per far ciò, sborsa quel denaro che tanto ama e

desidera aumentare. È segno che stima la salute del suo corpo, sorretta da quel pane, più che non il denaro. Ma è inutile intrattenerci più a lungo su un argomento così ovvio come il presente. Tuttavia a far ciò ci costringe, il più delle volte, l'errore degli empi.

Nell'amore al prossimo è incluso l'amore verso se stessi.

26. 27. In conclusione, non c'è bisogno di leggi perché ciascuno ami se stesso o il suo corpo, cioè quello che siamo noi e quello che è al di sotto di noi ma fa parte di noi. Ciò amiamo per una basilare legge di natura che è stata partecipata anche agli animali, i quali di fatto amano se stessi e il loro corpo. Per questo motivo non restava altro se non che ci venissero impartiti precetti concernenti ciò che è al di sopra di noi o accanto a noi. Dice: Amerai il Signore Dio tuo con tutto il tuo cuore, con tutta la tua anima e con tutta la tua mente, e amerai il prossimo tuo come te stesso. In questi due precetti si compendia tutta la Legge e i Profeti 35. Fine dunque del precetto è l'amore 36 nelle sue due ramificazioni: amore di Dio e amore del prossimo. Che se prendi te stesso nella tua interezza, cioè con la tua anima e il tuo corpo, e anche il prossimo nella sua interezza, cioè con la sua anima e il suo corpo (l'uomo infatti risulta di anima e di corpo), in questi due precetti non è stata omessa alcuna categoria delle cose da amarsi. È vero infatti che per primo è stato posto l'amore di Dio e che le

modalità di questo amore ti sono state presentate in modo che in questo amore confluiscano tutti gli oggetti da amarsi, potrebbe anche sembrarti non essere stato detto nulla sull'amore verso di te; ma siccome si dice ancora: Amerai il prossimo tuo come te stesso, con tali parole non si omette di parlare dell'amore che tu devi a te stesso.

Ogni essere va amato per il rapporto che ha con Dio.

27. 28. Secondo giustizia e santità vive colui che sa stimare rettamente le cose. Per avere quindi un amore ben ordinato occorre evitare quanto segue: amare ciò che non è da amarsi, amare di più ciò che è da amarsi di meno, amare ugualmente ciò che si dovrebbe amare o di meno o di più, o amare di meno o di più ciò che deve essere amato allo stesso modo. Il peccatore, chiunque esso sia, in quanto peccatore non è da amarsi; l'uomo, ogni uomo, in quanto è uomo, lo si deve amare per amore di Dio; Dio lo si deve amare per se stesso. E se Dio deve essere amato più di qualsiasi uomo, ciascuno deve amare Dio più di se stesso. Inoltre, il nostro simile va amato più del nostro corpo, poiché, se ogni essere va amato per il rapporto che ha con Dio, chi è uomo come noi può conseguire con noi il godimento di Dio, cosa che al corpo non è consentita, in quanto il corpo vive perché ha l'anima ed è attraverso l'anima che noi raggiungiamo il godimento di Dio.

Graduatoria nell'erogare l'amore.

28. 29. Tutti gli uomini debbono essere amati ugualmente, ma se non ti è possibile intervenire a vantaggio di tutti, devi di preferenza interessarti di coloro che ti sono strettamente congiunti per circostanze di luogo, di tempo o di qualsiasi altro genere, che la sorte ti ha per così dire assegnato. Fa' il caso che tu fossi nell'abbondanza di qualcosa da doversi dare a chi non ne ha ma che fosse impossibile darne a due. Se ti si presentassero due persone, delle quali nessuna è più povera dell'altra o più legata a te da qualche parentela, niente di più corretto potresti fare che tirare a sorte colui al quale dare quell'oggetto che non può essere dato a tutti e due. Allo stesso modo per il caso di più uomini che non puoi aiutare tutti contemporaneamente. È una specie di scelta fatta dalla sorte se qualcuno ti è unito in un grado superiore per legami temporali.

Godiamo se tutti gli uomini amano Dio.

29. 30. Una parola su tutti coloro che insieme con noi possono fruire del godimento di Dio. Una parte ne amiamo perché ci è dato aiutarli, una parte perché siamo aiutati da loro; una parte perché abbiamo bisogno del loro aiuto o perché ci è dato di soccorrere alla loro indigenza; una parte senza che noi arrechiamo loro dei vantaggi né attendiamo che ci vengano arrecati da loro. In ogni caso dobbiamo

volere che tutti amino Dio insieme con noi e a quest'ultimo fine dobbiamo riferire tutto l'aiuto che loro diamo o da loro riceviamo. Un esempio dai teatri, templi di iniquità. Un tale tifa per un istrione e gode della sua abilità come se si trattasse di un bene grande o addirittura del sommo bene. Egli ama coloro che come lui lo amano, e li ama non per loro ma per colui che amano insieme in uguale misura, e quanto più brucia d'amore per quel tizio tanto più si dà da fare, con tutti i modi possibili, perché egli sia amato da un maggior numero di persone, cercando di farlo vedere a quanti più gli riesce. Se vede qualcuno piuttosto tiepido, lo scuote quanto più può tessendo le lodi di lui. Se poi vede uno di idee opposte, odia violentemente in lui il fatto che egli odii l'idolo del suo cuore, e con tutti i modi che ha disponibili insiste per togliergli quest'odio. E ora a noi, uniti dal comune amore di Dio, cosa ci torna conto fare quando godere di lui è la nostra vita beata? Da lui infatti tutti coloro che lo amano hanno l'essere e la facoltà di amarlo. Di lui in alcun modo dobbiamo temere che, conosciuto, possa dispiacere a qualcuno. Che se egli vuole essere amato, non è perché la cosa torni a suo vantaggio ma perché sia conferito un premio eterno a coloro che lo amano, e questo premio è lui stesso che essi amano. Da ciò segue anche l'amore per i nemici. Non temiamo infatti che essi ci possano rapire quello che amiamo; ma piuttosto commiseriamoli perché tanto più sono in odio con noi quanto più sono separati da colui che noi amiamo. Che se si convertono a lui, essi dovranno necessariamente amare lui come il bene che dà loro la beatitudine e noi come compartecipi di questo bene così grande.

Amore universale: per angeli e uomini.

30. 31. A questo punto sorge un problema che riguarda gli angeli. Essi sono beati godendo di colui del quale anche noi desideriamo godere, e quanto più intimamente ne godiamo - anche se specularmente e in confuso 37 - tanto più sopportiamo con pazienza il nostro esilio e con ardore desideriamo vederne la fine. Si può tuttavia in maniera non del tutto sragionevole porre la questione se in quei due precetti rientri anche l'amore per gli angeli. Che infatti colui che ci ha comandato di amare il prossimo non abbia eccettuato nessun uomo, l'hanno dimostrato e il Signore nel Vangelo e l'apostolo Paolo. In realtà, colui al quale aveva presentato questi due precetti e aveva detto che in essi si compendia tutta la Legge e tutti i Profeti non poté trattenersi dall'interrogarlo: E chi è il mio prossimo? 38 Egli allora espose le vicende di quell'uomo, che scendeva da Gerusalemme a Gerico, incappò nei briganti, dai quali fu gravemente ferito e lasciato piagato e mezzo morto 39. Di lui inculcò che fu il prossimo solo quel tale che si prestò con misericordia a sollevarlo e a curarlo, tanto che, interrogato da Gesù, colui che aveva fatto la domanda iniziale, trasse la stessa conclusione. A lui il Signore

disse: Va' e fa' lo stesso anche tu 40. Da ciò - s'intende - dobbiamo comprendere che il prossimo è colui che dobbiamo servire con misericordia, se ne ha bisogno, o che dovremmo essere disposti a servire qualora ne avesse. Dalla qual cosa già segue la conseguenza che anche colui dal quale, viceversa, dovremmo ricevere noi tali attenzioni è nostro prossimo. Il nome " prossimo " infatti dice relazione ad altri, né si può essere prossimo se non di un prossimo. Ora nessuno può essere eccettuato, nessuno escluso dai nostri doveri di misericordia, quando il precetto si spinge fino all'amore dei nemici. Chi non vede questo? Lo stesso Signore dice: Amate i vostri nemici, fate del bene a quelli che vi odiano 41.

L'amore non fa il male a nessuno.

30. 32. Non diversamente insegna l'apostolo Paolo. Dice: Infatti, non commettere adulterio, non uccidere, non rubare, non desiderare illecitamente, e se c'è qualche altro comandamento, si riassume in questa parola: Ama il prossimo tuo come te stesso. L'amore del prossimo non commette alcun male 42. Che se qualcuno pensasse: l'Apostolo non ha dato tali precetti riguardo a tutti gli uomini, sarebbe costretto a confessare una cosa la più assurda e oltremodo scellerata: che cioè l'Apostolo sarebbe stato dell'avviso che non è peccato commettere adulterio con la moglie di un non cristiano e di un nemico, o di ucciderlo o di desiderare i suoi beni. Che se è roba da

matti dire cose del genere, è logico che ogni uomo è da ritenersi come prossimo, dal momento che contro di nessuno si può commettere il male.

Amare l'uomo per amore di Dio.

30. 33. Orbene, se tutti coloro ai quali dobbiamo usare un doveroso gesto di misericordia o da cui dobbiamo riceverlo vanno sotto il nome di prossimo, è evidente che nel precetto in forza del quale dobbiamo amare il prossimo sono compresi anche i santi angeli. Da loro infatti ci vengono prestati grandi tratti di misericordia, come è facile ricavare dai molti passi delle divine Scritture. Per lo stesso motivo il nostro Dio e Signore volle chiamarsi nostro prossimo. Difatti il Signore Gesù Cristo fa comprendere che è stato lui stesso ad aiutare quel mezzomorto che giaceva lungo la via maltrattato e abbandonato dai briganti 43. E il Profeta nella preghiera diceva: Provavo compiacenza come per il prossimo, come per il nostro fratello 44. Ma poiché l'essenza divina è più eccellente di noi e supera la nostra natura, il comandamento per il quale amiamo Dio è stato distinto da quello dell'amore del prossimo. Egli infatti usa misericordia a noi in forza della sua bontà, noi ce ne usiamo gli uni gli altri per la bontà di lui. Cioè: egli usa a noi misericordia perché possiamo godere di lui, noi ci usiamo misericordia gli uni verso gli altri, ma ugualmente per godere di lui.

Dio si serve di noi, non gode di noi.

31. 34. C'è qualcos'altro a questo proposito. Sembrerebbe ambiguo dire che noi godiamo appieno di quella " cosa " che amiamo per se stessa e che dobbiamo godere soltanto di quella che ci rende beati; delle altre soltanto servircene. Orbene Dio ci ama, e la divina Scrittura ci sottolinea fortemente l'amore che egli ha per noi. Come dunque ci ama? Servendosi di noi o godendo di noi? Se godesse di noi, significherebbe che ha bisogno di un bene che siamo noi: cosa che nessuno, sano di mente, oserebbe dire. Infatti il bene tutto intero o è lui o proviene da lui. O che ci può essere qualcuno che abbia oscurità o dubbi sul fatto che la luce non ha bisogno del bagliore di quelle cose che lei stessa illumina? Come in forma chiarissima dice il Profeta: Ho detto al Signore: Mio Dio sei tu, poiché non hai bisogno dei miei beni 45. Egli dunque non trae godimento da noi ma si serve di noi. Poiché se non ne godesse o non se ne servisse, non trovo in che modo possa amarci.

Che Dio si serva di noi è a nostro vantaggio.

32. 35. Tuttavia egli non si serve di noi come noi facciamo delle cose. Noi riferiamo le cose di cui ci serviamo al fine di godere della bontà di Dio; Dio, quando si serve di noi, lo riferisce alla sua bontà. In effetti, noi esistiamo perché egli è buono e, per il fatto di esistere, siamo anche buoni. Siccome però egli è

anche giusto, se saremo cattivi, non lo saremo impunemente, oltre che, per il fatto di essere cattivi, esistiamo in maniera più ridotta. Difatti sommamente e primordialmente esiste colui che è immutabile e che poté dire con assoluta pienezza: Io sono colui che sono, e: Dirai loro: Colui che è mi ha mandato a voi 46. Le altre cose esistenti non potrebbero esistere senza di lui, e in tanto sono buone in quanto hanno ricevuto l'esistenza. Quell'uso dunque che si dice di Dio quando egli si serve di noi è in rapporto non ad una utilità sua ma nostra; nei suoi riguardi dice rapporto solo alla sua bontà. Quando peraltro noi compiamo opere di misericordia e ci occupiamo di qualcuno, lo facciamo certo per suo vantaggio e questo abbiamo di mira, ma ne deriva, non so come, anche un vantaggio nostro, poiché l'opera di misericordia che eroghiamo a vantaggio del bisognoso Dio non la lascia senza ricompensa. Questa ricompensa presa in grado sommo consiste poi nel godere pienamente di lui, o, per tutti noi che godiamo di lui, nel godere, in lui, anche di noi gli uni degli altri.

Non riponiamo nelle creature il nostro fine.

33. 36. Se facciamo ciò in ordine a noi stessi, rimaniamo fermi nella via e riponiamo la speranza della nostra beatitudine o nell'uomo o nell'angelo: la qual cosa si attribuiscono l'uomo e l'angelo superbi, che godono che in loro sia riposta la speranza degli

altri. Il contrario fanno l'uomo e l'angelo santi. Quando noi stanchi desideriamo arrestarci e riposarci in loro, essi piuttosto ci ristorano o mediante quelle risorse che hanno ricevute per noi, o magari ricorrendo anche a quelle che hanno ricevuto (dato che di ricevere si tratta!) per loro stessi. E in tal modo ristorati, ci sospingono a marciare verso colui, godendo del quale siamo come loro beati. Al riguardo grida Paolo: O che forse Paolo è stato crocifisso per voi? o in nome di Paolo siete stati battezzati? 47 E ancora: Né chi pianta è qualcosa né chi irriga, ma Dio che fa crescere 48. E così anche quell'angelo che l'uomo stava per adorare: lo ammonisce severamente affinché adori il Signore sotto il cui potere è anche egli servo alla pari dell'uomo 49.

Godi pure dell'uomo, ma nel Signore.

33. 37. Quando godi di un uomo in Dio, godi di Dio stesso piuttosto che dell'uomo. Godi infatti di colui che ti rende beato, e ti allieterai per aver raggiunto colui nel quale ora riponi la tua speranza. In tal senso Paolo dice a Filemone: Sì, fratello, io godrò di te nel Signore 50. Se non avesse aggiunto: Nel Signore e avesse detto: Io godrò di te, avrebbe riposto in lui la speranza della sua felicità, anche se " godere di uno " si dice con un significato molto affine a " servirsi con piacere ". Se infatti hai presente quello che ami, necessariamente quell'oggetto porta con sé anche del piacere; e tu, se oltrepassi quel piacere e lo riferisci a

quell'oggetto dove dovrai rimanere, in realtà il primo lo usi soltanto, e, se questo lo chiami un goderne, ciò è un parlare inesatto, non appropriato. Se al contrario ti attacchi a quell'oggetto e rimani fisso in lui, ponendo in esso il fine del tuo godere, allora si deve dire che veramente e propriamente tu godi di lui. Ma una tal cosa non si deve fare se non nei riguardi della Trinità, cioè del bene sommo e immutabile.

Cristo nostra via.

34. 38. Rifletti sulla stessa Verità, cioè sul Verbo ad opera del quale sono state fatte tutte le cose 51, e come egli si sia fatto carne per abitare in mezzo a noi 52. Nonostante questo, l'Apostolo dice: Anche se avessimo conosciuto Cristo secondo la carne, ora però non lo conosciamo più così 53. In effetti, il Verbo volle assumere la carne poiché volle mostrarsi non solo come possesso di chi è arrivato alla mèta ma anche come via per coloro che stanno accostandosi là dove la via comincia. Si può riferire a questo l'espressione: Dio mi ha creato al principio delle sue vie 54, di modo che da lui iniziassero il cammino quanti sarebbero voluti venire [al Padre]. In questo contesto troviamo che l'Apostolo, sebbene ancora viatore, seguiva Dio che lo chiamava alla palma della vocazione celeste. Dimenticando le cose che gli erano dietro e proteso verso ciò che aveva davanti 55, aveva già sorpassato il principio delle vie. Per questo non aveva bisogno del punto da cui invece debbono

iniziare e mettersi all'opera tutti coloro che desiderano giungere alla verità e trovare dimora nella vita eterna. Così dice infatti: Io sono la via e la verità e la vita 56, cioè attraverso di me si viene, a me si giunge, in me si rimane. E quando si giunge a lui si giunge anche al Padre, perché attraverso l'uguale si riconosce colui al quale egli è uguale 57. Legame e, per così dire, glutine è lo Spirito Santo, mediante il quale possiamo rimanere nel bene sommo e immutabile. Da tutto questo è dato comprendere come, finché siamo in via, nessuna cosa debba trattenerci, se nemmeno il Signore, in quanto si è degnato essere nostra via, ha voluto che ci fermassimo in lui ma che passassimo oltre. Ha voluto che non ci attaccassimo, vinti da debolezza, alle cose temporali, sebbene da lui prese e messe in opera per la nostra salvezza. Correndo velocemente dobbiamo invece oltrepassare le cose per meritare di essere sollevati e condotti fino a lui stesso, che ha liberato dalle realtà temporali la nostra natura e l'ha collocata alla destra del Padre.

Non perdere di vista l'economia della salvezza.

35. 39. Il nocciolo di tutto ciò che abbiamo detto da quando abbiamo iniziato a trattare delle " cose " è questo: comprendere come la pienezza e il fine della legge e di tutte le divine Scritture è l'amore 58 per la cosa di cui ci si ordina di godere e per la cosa che insieme con noi può godere dell'oggetto che amiamo; quanto invece all'amore verso noi stessi, non c'è

bisogno di precetti. Ebbene, affinché conoscessimo e compissimo tutto questo, dalla divina Provvidenza è stata costituita, per la nostra salvezza, tutta la presente economia temporale, della quale noi dobbiamo servirci non con un amore e gusto che in essa, per così dire, si arresti ma piuttosto che sia transitorio. Deve esserci come una via, come un veicolo di qualsiasi genere, o come un qualsiasi altro mezzo di trasporto, o qualunque altro oggetto, chiamatelo come vi pare meglio. Basta che s'intenda questo: le cose che ci portano dobbiamo amarle in vista di colui al quale siamo portati.

Fine della Scrittura è l'edificio della carità. Occorre la retta interpretazione.

36. 40. Chiunque pertanto crede di aver capito le divine Scritture o una qualsiasi parte delle medesime, se mediante tale comprensione non riesce a innalzare l'edificio di questa duplice carità, di Dio e del prossimo, non le ha ancora capite 59. C'è poi colui che dalle Scritture riesce a ricavare un'idea utile a costruire l'edificio della carità. Se tuttavia risulterà che non riferisce il senso inteso in quel passo dall'autore di quel determinato libro, il suo errore non è che rechi gran danno né assolutamente lo si può chiamare menzogna. In chi mentisce viceversa c'è la volontà di dire il falso, per cui troviamo molti che vogliono mentire ma nessuno che desideri essere ingannato. Se pertanto uno dice menzogne

scientemente e un altro le subisce inconsciamente, in un solo e identico fatto appare assai chiaramente che colui che viene ingannato è migliore di colui che dice menzogne 60. È meglio infatti subire l'iniquità anziché commetterla. Orbene, chi mentisce commette una iniquità; e se a qualcuno talvolta sembrerà che ci sia una menzogna utile, potrà anche sembrargli che qualche volta ci sia una iniquità utile. Nessun mentitore infatti, quando proferisce menzogne, rispetta la fedeltà. Egli certo esige che colui al quale mentisce gli si conservi fedele, ma lui, dicendo menzogne, non conserva la fedeltà all'altro. Ora ogni fedifrago è un iniquo. E quindi, concludendo, o qualche volta l'iniquità è vantaggiosa - la qual cosa è sempre impossibile - o la menzogna è sempre svantaggiosa.

Prima di tutto si ricerchi il senso inteso dall'autore.

36. 41. Chi nelle Scritture la pensa diversamente da quel che pensava l'autore, siccome le Scritture non dicono il falso, è il lettore ad ingannarsi. Tuttavia, come avevo iniziato a dire, se si inganna scegliendo una interpretazione per la quale cresce nella carità - che è il fine della legge 61 - si sbaglia come colui che per errore lascia la via ma, continuando il cammino per i campi, arriva ugualmente alla mèta dove conduceva quella strada. Lo si deve tuttavia correggere e gli si deve dimostrare quanto sia

vantaggioso non abbandonare la via, sicché non succeda che con l'abitudine di andare fuori strada si trovi costretto a percorrere vie traverse o sentieri devianti.

La Scrittura spada a due tagli.

37. 41. Asserendo con faciloneria quanto non afferma l'autore del libro che legge l'interprete, il più delle volte va a finire in opinioni impossibili a conciliarsi con il contenuto del testo; e queste opinioni, se egli le condivide ritenendole vere e certe, ne risulterà che la sua interpretazione non potrà conciliarsi con la verità, e, non so come, gli succederà che, amando la sua opinione, comincerà ad essere in contrasto con la Scrittura piuttosto che con se stesso. E questo è un male che, se lascerà serpeggiare nel suo cuore, ne sarà portato in rovina. Noi infatti camminiamo nella fede e non nella visione 62. Ora questa fede vacillerà se vacillerà l'autorità delle divine Scritture e, vacillando la fede, anche la carità si illanguidisce. Difatti, se uno si allontana dalla fede, necessariamente si allontana dalla carità, in quanto non può amare ciò che non crede. Che se al contrario crede e ama, agendo bene e obbedendo alle norme del retto vivere otterrà anche la speranza di arrivare al possesso di ciò che ama. La fede, la speranza e la carità sono dunque le tre virtù per il cui possesso combattono ogni scienza e ogni profezia 63.

Beni temporali e beni eterni. Desiderio e possesso.

38. 42. Alla fede succederà la visione, per cui contempleremo; alla speranza succederà la beatitudine, a raggiungere la quale siamo destinati; quanto poi alla carità, mentre le altre due scompariranno, essa aumenterà. Se infatti mossi dalla fede amiamo ciò che non ancora vediamo, quanto più l'ameremo quando lo vedremo? E se in forza della speranza amiamo quella patria dove non siamo ancora arrivati, quanto più l'ameremo quando ci saremo arrivati? Difatti tra i beni temporali e quelli eterni c'è questa differenza: ciò che è temporale lo si ama di più prima che lo si possegga, mentre, quando se ne è in possesso diventa insignificante: non è infatti in grado di saziare l'anima, la cui sede vera e certa è l'eternità. Ciò che è eterno invece, quando lo si è conseguito, lo si ama con più ardore che non quando era oggetto di desiderio. A nessuno che lo desideri infatti è consentito di valutarlo più di ciò che effettivamente vale, sicché possa diminuire di valore quando lo possederà trovandolo meno pregevole. Anzi, quanto più l'uomo viatore lo avrà stimato, tanto più lo valuterà quando sarà giunto al suo possesso.

Fede, speranza e carità rapportate alla Scrittura.

39. 43. Quando dunque l'uomo è sorretto dalla fede, dalla speranza e dalla carità e ritiene tenacemente queste virtù, non ha bisogno delle Scritture se non per

istruire gli altri. E di fatto molti vivono nel deserto senza libri, illuminati da queste tre virtù. Per costoro credo che si sia già realizzato quel che è stato detto: Si tratti di profezie, queste diverranno inutili; di lingue, queste cesseranno; di scienza, questa diverrà inutile 64. Con tale struttura si è elevata in loro una tal mole di fede, di speranza e carità che, conseguito in qualche modo quel che è perfetto, non ricercano più ciò che è parziale 65: perfetto dico quanto si può conseguire nella vita presente. Difatti, in confronto con la vita futura nessun giusto o santo può dire di avere raggiunto al presente una vita perfetta. Perciò dice: Restano la fede, la speranza e la carità, queste tre virtù; ma di esse la più grande è la carità 66, nel senso che quando si sarà raggiunta la vita eterna, mentre le due prime spariscono, la carità rimane, si accresce e diventa più certa.

Per esporre efficacemente la Scrittura, si richiedono fede, speranza e carità.

40. 44. Ne segue che quando uno avrà conosciuto che fine del precetto è la carità originata da cuore puro, coscienza buona e fede sicura 67, se riferirà a queste tre esigenze la comprensione delle divine Scritture può accostarsi tranquillamente alla esposizione di quei libri. Menzionando infatti la carità, vi aggiungeva: da cuore puro, perché non si amasse altro all'infuori di ciò che si deve amare. Il richiamo alla coscienza buona ve lo aggiungeva in vista della

speranza. Difatti, se uno ha il rimorso di una coscienza cattiva, dispera di poter raggiungere ciò che crede e che ama. In terzo luogo parla di fede sincera. Se infatti la nostra fede sarà esente da falsità, non amiamo ciò che non si deve amare e, vivendo rettamente, speriamo ciò che in nessun modo delude la nostra speranza. Pertanto delle cose che costituiscono il contenuto della fede ho voluto dirne quanto ritenevo fosse sufficiente, dati i limiti di tempo, perché se n'è parlato molto in altri volumi scritti tanto da noi come da altri. Sia questo dunque l'epilogo di questo libro. In quello che segue parleremo dei segni, nella misura che il Signore ci vorrà donare.

LIBRO SECONDO

Le cose in sé e come segno.

1. 1. Scrivendo delle cose, premisi l'avvertimento di non badare se non a ciò che esse sono in se stesse e non al fatto se significhino o meno qualche altro oggetto diverso da sé. Viceversa, parlando dei segni dico che bisogna considerare non ciò che sono in sé ma piuttosto il fatto che sono segni, cioè che significano qualcosa. Difatti il segno è una cosa che, oltre all'immagine che trasmette ai sensi di se stesso, fa venire in mente, con la sua presenza, qualcos'altro [diverso da sé]. Vedendo, ad esempio, delle impronte pensiamo che vi sia passato un animale di cui quelle sono appunto le orme; visto il fumo conosciamo che sotto c'è il fuoco; udita la voce di un essere animato, ne discerniamo lo stato d'animo; suonando la tromba, i soldati sono addestrati a discernere se occorra avanzare o retrocedere o fare qualche altra mossa richiesta dalla battaglia.

Varie specie di segni.

1. 2. Dei segni, peraltro, alcuni sono naturali, altri intenzionali. Sono naturali quelli che, senza intervento di volontà umana né di intenzione volta a renderli significanti, di per se stessi fanno conoscere, oltre che se stessi, qualche altra cosa. Così il fumo

richiama il fuoco. Fa ciò infatti non perché vuole significare [il fuoco] ma, per la riflessione o la nozione delle cose che noi abbiamo esperimentate, conosciamo che lì deve celarsi anche il fuoco dove si fa vedere solamente il fumo. Anche l'impronta dell'animale passato per un certo luogo appartiene a questa specie di segni. Così il volto dell'uomo adirato o triste palesa il suo stato d'animo, anche senza che lo voglia colui che è in preda all'ira o alla tristezza. Altrettanto si deve dire di qualsiasi altro sentimento, che si manifesta attraverso le tracce che lascia sul volto, anche se noi non facciamo nulla perché si manifesti. Ma di tutta questa categoria di segni non è mia intenzione trattarne adesso. Siccome però rientrava nella nostra divisione della materia, non la si poteva omettere completamente. L'averla menzionato in queste righe sarà sufficiente.

I segni intenzionali.

2. 3. Segni intenzionali sono quelli che gli esseri viventi si scambiano per indicare, quanto è loro consentito, i moti del loro animo, si tratti di sentimenti o di concetti. Nessun altro motivo abbiamo noi di significare, cioè di emettere segni, se non quello di palesare o trasmettere nell'animo altrui ciò che passa nell'animo di colui che dà il segno. Abbiamo stabilito di considerare ed esporre questa categoria di segni per quanto si riferisce agli uomini, poiché anche i segni dati da Dio che sono contenuti

nelle sante Scritture sono stati resi manifesti a noi tramite gli uomini che li hanno scritti. Anche gli animali, è vero, hanno dei segni con cui comunicano i desideri del loro animo. Così il gallo, trovato che abbia del becchime, dà con la voce un segno alla gallina perché venga da lui. Così il colombo col suo gemere chiama la colomba o viceversa è chiamato da lei; e molte altre cose di questo genere si è soliti avvertire. Se poi il volto con la sua espressione o il grido di dolore seguono il moto dell'animo senza l'intenzione di significare alcunché o si emettono per significare davvero qualcosa è un'altra questione: una questione che non rientra nella materia di cui stiamo trattando. Per cui, questa parte di argomenti la tralasciamo nell'opera presente come cosa non necessaria.

Principe fra i segni è la parola.

3. 4. Dei segni con i quali gli uomini comunicano fra loro i propri sentimenti, alcuni dicono relazione alla vista, moltissimi all'udito, assai pochi agli altri sensi. Quando infatti facciamo cenni, non diamo segni se non agli occhi di colui che con tale segno vogliamo rendere partecipe del nostro volere. In effetti alcuni sogliono indicare moltissime cose con gesti delle mani. Così gli istrioni col movimento di tutte le membra fanno segni a chi è capace di comprenderli e, per così dire, dialogano con i loro occhi. Così le bandiere e le insegne militari tramite gli occhi

significano ai soldati le decisioni dei condottieri. Sono, tutti questi segni, come delle parole visibili. Quanto ai segni che hanno pertinenza con l'orecchio, sono, come ho detto, i più numerosi, specie se vi si includono le parole. È vero infatti che la tromba, il flauto, la cetra, spesso emettono un suono che non solo è gradevole ma che racchiude anche un significato. Ma tutti questi segni, paragonati con le parole, sono pochissimi. In realtà, fra gli uomini le parole hanno il primo posto in senso assoluto quando si tratta di manifestare le cose concepite nell'animo, supposto che le si voglia palesare. Certamente il Signore diede un significato anche al profumo dell'unguento con cui furono profumati i suoi piedi 1, e alla sunzione del Sacramento del suo Corpo e del suo Sangue diede il significato che volle 2, e la donna che fu guarita toccando l'orlo della sua veste ci indicò qualcosa 3; tuttavia la stragrande quantità di segni, con cui gli uomini trasfondono i propri pensieri, è data da parole. Difatti tutti quei segni di cui brevemente ho elencato le specie li ho potuti esporre a parole, mentre riguardo alle parole, non le potrei elencare in alcun modo con quei segni.

Lo scritto dà solidità alla parola.

4. 5. Le parole tuttavia toccano l'aria e subito spariscono (non durano se non quanto dura il loro suono), per questo come segno delle parole sono state trovate delle lettere, per le quali le parole si mostrano

agli occhi, non in se stesse ma trascritte in segni che le rappresentano. Ora questi segni non sono potuti essere comuni fra tutte le genti a causa di un peccato di discordia umana, avendo voluto strappare ciascuno per sé il primato nel mondo. Segno di tale superbia fu quella torre eretta fino al cielo, e in quell'occasione gli uomini, empi, meritarono di contrarre la discordanza non solo degli animi ma anche del linguaggio 4.

La Bibbia, libro scritto in diverse lingue.

5. 6. Questo si è verificato anche nella divina Scrittura, con la quale si viene incontro alle molteplici malattie della volontà umana. Scritta in origine in una lingua, mediante la quale si poté diffondere per l'universo quanto era richiesto, attraverso le lingue dei diversi traduttori si è diffusa in lungo e in largo e si è fatta conoscere dalle genti a loro salvezza. Quelli infatti che la leggono non cercano altro che trovarvi il pensiero e la volontà di coloro che la scrissero e attraverso le facoltà degli scrittori trovarvi la volontà di Dio, in conformità della quale noi crediamo che detti uomini abbiano parlato.

Utile la presenza di difficoltà nella Scrittura.

6. 7. Quelli che leggono la Scrittura a cuor leggero vengono tratti in inganno dalle sue molte e svariate oscurità e ambiguità, e prendono una cosa per

un'altra. In certi passi non riescono a trovare nemmeno la materia per false congetture: tanta è l'oscurità con cui alcune cose sono state dette che le si debbono ritenere coperte da densissime tenebre. Tutto questo non dubito che sia avvenuto per una disposizione divina, affinché con la fatica fosse domata la superbia umana e l'intelletto fosse sottratto alla noia, dal momento che il più delle volte le cose che esso scopre facilmente le considera di poco conto. Mi si risponda, ora, di grazia, al quesito che pongo. Uno asserisce che nella Chiesa di Cristo ci sono uomini santi e perfetti, con la cui vita e condotta la Chiesa stessa strappa a tutte le superstizioni coloro che vengono da lei e con l'imitazione dei buoni in certo qual modo se li incorpora. Sono fedeli buoni e veri servi di Dio che, deposti i gravami secolareschi, sono venuti al santo lavacro del battesimo e uscendo dal fonte concepiscono ad opera dello Spirito Santo e producono i frutti della duplice carità, cioè dell'amore di Dio e del prossimo. Mi chiedo dunque a questo punto come mai, se uno dice tali cose in termini prosaici, l'ascoltatore provi meno gusto che se per esprimere le stesse cose gli venga spiegato il Cantico dei Cantici dove alla Chiesa si dice, quasi tessendo l'elogio di una bella donna: I tuoi denti come gregge di pecore tosate che risale dal bagno; tutte generano figli gemelli e tra di loro nessuna è sterile 5. Forse che da ciò si apprende qualcosa di più di quando si udivano le stesse cose espresse in parole molto semplici senza il supporto di questa similitudine? Eppure, non so come, mi fermo a guardare con maggior gusto i santi (quasi fungano da denti della Chiesa) quando li vedo strappare gli uomini ai diversi errori e, addolcita la durezza, trasferirli nel corpo di lei, dopo averli privati del potere di mordere e resi quindi innocui. So anche riconoscere con grandissimo godimento nelle pecore tosate, quasi gente che abbia deposto, come altrettanti tosoni, gli appesantimenti secolari e le riconosco mentre salgono dal bagno, cioè dal battesimo: tutte pecore che generano dei gemelli, cioè i due precetti dell'amore, e constato che nessuna è sterile nel produrre questo santo frutto.

Comprendere i passi difficili in base ai più facili.

6. 8. Come mai io veda con più gusto la cosa di quanto non mi accadrebbe se non trovassi nei Libri divini alcuna similitudine di questo genere, pur essendo identica la cosa in se stessa e identica la cognizione, mi rimane difficile dirlo; ed è anche un problema diverso. Nessuno tuttavia può porre in dubbio che le cose, qualunque siano, si apprendono più volentieri mediante l'uso di similitudini e, se si tratta di questioni investigate con una certa difficoltà, quando le si scopre, ciò riesce molto più gradito. Difatti coloro che non trovano proprio nulla di quello che cercano, soffrono la fame; quelli poi che non fanno ricerche perché hanno le cose a portata di mano, spesso si afflosciano nella noia; e così nell'uno

e nell'altro caso bisogna evitare l'illanguidimento. Meravigliosamente quindi e salutarmente lo Spirito Santo ha modellato le sante Scritture in modo che con i passi più manifesti si ovviasse alla fame [del ricercatore], con i passi più oscuri se ne dissipasse la noia. Dai passi oscuri infatti non si ricava altro - dico per approssimazione - all'infuori di quello che altrove si trova detto in maniera completamente manifesta.

Una duplice conversione necessaria al biblista.

7. 9. Prima di tutto dunque ci si deve convertire, mediante il timore di Dio, a conoscere la sua volontà e cosa ci ordini di desiderare o di fuggire. Questo timore deve suscitare in noi il pensiero della nostra mortalità e della morte che effettivamente ci attende e, quasi inchiodando la nostra carne, configgere al legno della croce tutti i moti di superbia. In secondo luogo occorre diventare miti e rispettosi e mai contraddire alle divine Scritture, sia che le si comprenda (com'è quando esse disapprovano qualche nostro vizio), sia che non le si comprenda, quasi che noi siamo in grado di conoscere o di prescrivere le cose in modo migliore. Dobbiamo piuttosto pensare e ritenere che quanto è scritto in esse è superiore e più vero - anche se è nascosto - di tutto ciò che noi possiamo opinare da noi stessi.

Lo Spirito Santo per comprendere la Scrittura.

7. 10. Dopo i due gradini, del timore e della pietà, si giunge al terzo gradino che è quello della scienza, del quale ho ora stabilito di trattare. In esso si esercita ogni appassionato della divina Scrittura, nella quale non vorrà trovare nient'altro se non che occorra amare Dio per se stesso e il prossimo per amore di Dio, e che Dio bisogna amarlo con tutto il cuore, con tutta l'anima e con tutta la mente, mentre il prossimo lo si deve amare come noi stessi 6. Ciò significa che l'amore del prossimo, come anche quello verso noi stessi, occorre riferirlo totalmente a Dio. Di questi due precetti abbiamo trattato nel libro precedente quando parlavamo delle cose. Succede peraltro, e di necessità, che in principio uno, volendo addentrarsi nelle Scritture, si senta avviluppato nell'amore di questo secolo, cioè delle cose temporali. In questo caso egli necessariamente avverte di essere molto distante da quell'intenso amore di Dio e del prossimo qual è prescritto dalla stessa Scrittura. Bisogna allora che il timore che lo fa pensare al giudizio di Dio e quella pietà per la quale non può non credere o non arrendersi all'autorità dei Libri santi lo costringano a piangere su se stesso. In realtà quella scienza che dona la buona speranza non rende l'uomo vanitoso ma lo fa gemere su se stesso: sentimento con il quale, a mezzo di frequenti preghiere, ottiene la consolazione dell'aiuto divino che lo sottrae al peso della disperazione. Così comincia ad essere nel quarto

gradino, che è quello della fortezza, per il quale si ha fame e sete di giustizia 7. Con questo sentimento poi si tira fuori da ogni mortifero diletto per le cose che passano e, allontanandosi da tale sorta di godimenti, si volge al gusto delle cose eterne, cioè dell'immutabile Unità che è la Trinità.

Fine di tutti i doni dello Spirito è la Sapienza.

7. 11. Vedendola, per quanto può, brillare lontano, si accorge che per la debolezza del suo sguardo non può reggere a tanta luce, sicché ascende al quinto gradino, cioè al consiglio, che ha per base la misericordia. Ivi purifica l'anima che è, in certo qual modo, in tumulto e in preda al chiasso con se stessa per lo sporco che l'ha deturpata desiderando le cose inferiori. Qui l'uomo è impegnato ad esercitarsi con impegno nell'amore del prossimo e in questo amore compie progressi. Pieno ormai di speranza e integro nelle forze, arrivato all'amore del nemico, ascende al sesto gradino, dove purifica lo stesso occhio con il quale può vedere Dio, quanto è consentito a coloro che muoiono a questo secolo, quanto è loro possibile. In realtà in tanto lo possono vedere in quanto muoiono a questo secolo, mentre in quanto vivono in esso, non lo vedono. È vero che in tal grado lo splendore di quella luce comincia già a farsi vedere più marcato: non solo quindi lo si tollera meglio ma reca anche più godimento; tuttavia è detto che lo si vede ancora in forma enigmatica e come in uno specchio 8. Questo

perché finché siamo pellegrini in questa vita, camminiamo nella fede e non nella visione 9, avendo in cielo la nostra dimora 10. In questo gradino poi l'uomo purifica talmente l'occhio del cuore che alla verità non preferisce e nemmeno paragona il proprio prossimo e quindi neanche se stesso, perché non le paragona nemmeno colui che ama come se stesso. Un santo come questo avrà dunque un cuore così semplice e puro che non si lascerà distrarre dalla [contemplazione della] verità né dal desiderio di piacere agli uomini né dalla preoccupazione di evitare gli ostacoli che si frappongono al conseguimento d'una tal vita. Questo figlio [di Dio] è in grado di ascendere fino alla sapienza, che è l'ultimo gradino, il settimo, e gode di lei pacificato e tranquillo. Inizio della sapienza è infatti il timore del Signore 11, dal quale timore si tende e si giunge alla sapienza attraverso questi gradini.

Libri canonici e libri apocrifi. Criteri di canonicità.

8. 12. Quanto a noi, riportiamo la considerazione a quel terzo gradino del quale avevamo stabilito di approfondire ed esporre ciò che il Signore si fosse degnato di suggerirci. Pertanto sarà diligentissimo investigatore delle divine Scritture colui che, prima di tutto, le legge per intero e ne acquista la conoscenza e, sebbene non le sappia penetrare con l'intelligenza, le conosce attraverso la lettura. Mi riferisco

esclusivamente alle Scritture cosiddette canoniche, poiché, riguardo alle altre le legge con tranquillità d'animo chi è ben radicato nella fede cristiana, per cui non succede che gli disturbino l'animo debole e, illudendolo con pericolose menzogne e fantasticherie, gli distorcano il giudizio in senso contrario alla retta comprensione. Nelle Scritture canoniche segua l'autorità della maggior parte delle Chiese cattoliche, tra le quali naturalmente sono comprese quelle che ebbero l'onore di essere sede di un qualche apostolo o di ricevere qualche sua lettera. Riguardo pertanto alle Scritture canoniche si comporterà così: quelle che sono accettate da tutte le Chiese cattoliche le preferirà a quelle che da alcune non sono accettate; in quelle che non sono accettate da tutte preferirà quelle che accettano le Chiese più numerose e autorevoli a quelle che accettano le Chiese di numero inferiore e di minore autorità. Se poi succedesse che alcune sono ritenute autentiche da più Chiese mentre altre da Chiese più autorevoli, sebbene questo caso non si possa risolvere con facilità, io riterrei che le si debba considerare tutte di pari autorità.

Canone biblico accettato da Agostino.

8. 13. Il canone completo delle Scritture, al quale diciamo di voler rivolgere la nostra considerazione, si compone dei seguenti libri: i cinque libri di Mosè, cioè Genesi, Esodo, Levitico, Numeri, Deuteronomio, e poi il libro di Gesù figlio di Nave, un libro

dei Giudici, un libretto chiamato di Rut, che peraltro sembra appartenere ai Libri dei Regni, come loro principio. Vengono poi i quattro Libri dei Regni e i due dei Paralipomeni, che non vengono dopo di essi ma sono a loro congiunti e procedono gli uni a fianco degli altri simultaneamente. Sono libri di storia, che contengono indicazioni temporali collegate fra loro e insieme la successione ordinata dei fatti. Ci sono poi narrazioni storiche poste, per così dire, in ordine differente, narrazioni che non rispettano né l'ordine storico né si collegano le une con le altre. Così è Giobbe, Tobia, Ester, Giuditta, e i due Libri dei Maccabei e di Esdra, i quali piuttosto sembrerebbero proseguire quella storia ordinata che si protraeva fino ai Libri dei Regni e dei Paralipomeni. Successivamente vengono i Profeti, tra i quali un libro di Davide, i Salmi, e tre di Salomone: i Proverbi, il Cantico dei Cantici e l'Ecclesiaste. Difatti gli altri due libri, intitolati l'uno la Sapienza e l'altro l'Ecclesiastico, per una certa somiglianza vengono detti di Salomone. È in effetti tradizione quanto mai costante che li abbia scritti Gesù figlio di Sirach 12; tuttavia, siccome sono stati accolti fra i Libri aventi autorità, li si deve annoverare al gruppo dei profetici. Restano i Libri di coloro che propriamente si chiamano Profeti: un libro per ciascuno di coloro che si chiamano i dodici Profeti, i quali, collegati fra loro (mai infatti hanno avuto esistenza separata), costituiscono un unico libro. I nomi di questi Profeti sono i seguenti: Osea, Gioele, Amos, Abdia, Giona, Michea, Naum, Abacuc, Sofonia, Aggeo, Zaccaria, Malachia. Poi ci sono i Profeti autori di libri più grandi:Isaia, Geremia, Daniele, Ezechiele. Con questi quarantaquattro libri si chiude l'autorità canonica del Vecchio Testamento 13. Compongono il Nuovo Testamento i quattro libri del Vangelo: secondo Matteo, Marco, Luca e Giovanni; le quattordici Lettere dell'apostolo Paolo: ai Romani, due ai Corinzi, una ai Galati, agli Efesini e ai Filippesi, due ai Tessalonicesi, una ai Colossesi, duea Timoteo, una a Tito, a Filemone, e agli Ebrei; due lettere di Pietro, tre di Giovanni, una di Giuda, una di Giacomo; e finalmente il libro degli Atti degli Apostoli e quello dell'Apocalisse di Giovanni.

Retto modo di procedere nello studio della Scrittura.

9. 14. In tutti questi Libri le persone animate dal timore di Dio e divenute miti in virtù della religione cercano la volontà di Dio. Ora, riguardo a questo lavoro di ricerca, a volte faticosa, la prima esigenza da rispettare è, come dicevamo, prendere conoscenza di questi libri anche se non si giunge ancora a comprenderli. Se ne dovrà comunque farne lettura, per impararli a memoria o almeno non essere del tutto nell'ignoranza. In seguito si debbono ricercare con più acume e diligenza le cose che in tali libri sono esposte in forma più chiara, si tratti di norme di vita o di

princìpi di fede. Ognuno ne troverà tanto di più quanto più è dotato di penetrazione. In concreto, fra le cose che nella Scrittura sono dette in modo palese ci sono tutte quelle che hanno per contenuto la fede e la condotta di vita, cioè la speranza e la carità, di cui abbiamo trattato nel libro precedente. Giunti a questo stadio, quando cioè si è acquistata una certa familiarità con la lingua propria delle Sacre Scritture, bisogna inoltrarsi a scoprire ed esaminare ciò che in esse vi è di oscuro. Per illustrare le espressioni più oscure si prenderanno esempi dai passi più accessibili, di modo che le testimonianze dei passi certi, anche se limitate di numero, tolgano il dubbio ai passi incerti. In questo lavoro giova moltissimo la memoria, la quale, se manca, non possiamo fornirla noi a forza di regole.

Difficoltà create dai segni in uso nella Bibbia.

10. 15. Il contenuto della Scrittura non lo si comprende per due motivi: perché è nascosto o in segni sconosciuti o in segni ambigui. I segni poi sono o propri o traslati. Si chiamano segni propri quelli che si usano per significare quelle cose per cui sono stati inventati. Così quando diciamo " bue " vi intendiamo quell'animale che ogni uomo che parli latino designa, come noi, con questo nome. Sono segni traslati quelli nei quali le cose che significhiamo col termine proprio vengono usate per significare qualcos'altro. Così quando diciamo " bue ", con queste due sillabe

vi intendiamo quell'animale che di solito va sotto questo nome ma con quell'animale a sua volta intendiamo l'Evangelista cui allude la Scrittura, secondo l'interpretazione dell'Apostolo, che dice: Non metterai la museruola al bue che trebbia 14.

Indispensabile la conoscenza delle lingue, specialmente il greco e l'ebraico.

11. 16. Nel caso dei segni propri, se li si ignora, grande rimedio è la conoscenza delle lingue. E in concreto la gente che parla latino, alla quale è diretta la presente istruzione, per conoscere le divine Scritture ha bisogno di altre due lingue: l'ebraico e il greco. Con queste si può ricorrere ai testi anteriori, se la quantità delle traduzioni latine, ormai infinita e ricca di varianti, presenta dei dubbi. È noto che nei libri sacri troviamo anche parole ebraiche che non sono state tradotte, come Amen, Alleluia, Racha, Osanna ed altre ancora. Di queste alcune furono conservate nell'antica origine per il prestigio di particolare santità, sebbene le si potesse tradurre. Tali sono Amen e Alleluia. Di altre invece si dice che non possano essere tradotte in altra lingua, come le ultime due poste nell'esempio citato. In determinate lingue ci sono infatti parole che non possono entrare mediante traduzione nell'uso di un'altra lingua. Questo accade soprattutto per le interiezioni, che esprimono un moto dell'animo piuttosto che una parte, sia pur piccola, di frase concepita con la mente. Tali, a quanto si

riferisce, dovrebbero essere quelle ultime due. Dicono infatti che Racha sia espressione di uno arrabbiato, Osanna di uno in preda alla gioia. Ma non è per queste poche parole, che sarebbe facilissimo ricercare o domandare, che è necessaria la conoscenza di quelle lingue. La necessità sorge, come è stato detto, dalle divergenze esistenti fra i diversi traduttori. Si possono infatti contare coloro che tradussero le Scritture dall'ebraico in greco, ma è impossibile contare i traduttori latini. Fin dai primi tempi della fede, infatti, man mano che uno veniva in possesso d'un codice greco ed era convinto di possedere un po' di conoscenza dell'una e dell'altra lingua, subito si metteva a tradurre.

Grande utilità forniscono i testi paralleli.

12. 17. È stato, questo, un fatto che, anziché ostacolare, ha favorito la comprensione dei testi, purché chi li va a leggere non sia persona trascurata. Difatti il confronto fra parecchi codici spesso ha giovato a rendere chiare le frasi oscure, come il testo del profeta Isaia, che un interprete ha reso: E i domestici della tua stirpe non disprezzerai 15; mentre un altro: E non disprezzerai la tua carne 16. I due, confrontati fra loro, si confermano a vicenda. In realtà, l'uno si chiarisce mediante l'altro, poiché il termine carne si potrebbe prendere in senso proprio, nel senso cioè che ognuno dovesse ritenersi avvisato a non disprezzare il proprio corpo, mentre i domestici

della stirpe, in senso traslato, potrebbero essere i cristiani, nati spiritualmente dallo stesso seme della parola. Orbene, confrontato fra loro il senso dei due traduttori, ci viene alla mente, come più probabile, l'idea che ivi propriamente si dia il precetto di non trascurare i parenti, poiché se confronti i domestici della stirpe con carne, vengono alla mente soprattutto i consanguinei. Di tale portata penso che sia anche quel che dice l'Apostolo: Se in qualche modo potrò suscitare la gelosia fra quelli della mia carne per salvare qualcuno di loro 17, cioè che, ingelositi di quelli che avevano creduto, anche loro abbracciassero la fede. Chiama sua carne i Giudei a motivo della identità di sangue. Allo stesso modo è di quel detto dello stesso profeta Isaia: Se non crederete, non comprenderete 18, che un altro ha tradotto: se non crederete, non avrete stabilità 19. Chi dei due abbia riprodotto a paroletta l'originale, è incerto, se non si leggono i testi originali stessi nella lingua madre; è comunque certo che chi sa leggerli con cognizione di causa, dai due testi ricava un profondo significato. È infatti difficile che due traduttori differiscano talmente fra loro che non si tocchino per qualche elemento di vicinanza. Orbene, l'intelletto riguarda la visione eterna di Dio, la fede invece nutre i piccoli quasi col latte in mezzo alle cose temporali che sarebbero una specie di culle. Adesso dunque camminiamo nella fede, non nella visione 20; e solo se avremo camminato nella fede potremo giungere alla visione, che non è transitoria ma rimane per sempre, quando noi aderiremo alla verità con l'intelletto purificato. Per questo uno diceva: Se non crederete, non avrete stabilità, l'altro invece: Se non crederete, non comprenderete.

Esempi per inculcare la conoscenza delle lingue originali.

12. 18. Il più delle volte il traduttore viene tratto in inganno dal termine ambiguo che reca la lingua antecedente, e, non conoscendo bene il senso della frase, le dà un significato del tutto alieno da quello datole dallo scrittore. Così alcuni codici leggono: Aguzzi i loro piedi a spargere sangue 21. ὀξὺς infatti in greco significa tanto " aguzzo " quanto " veloce ". Pertanto intese bene la frase chi tradusse: Veloci sono i loro piedi a spargere il sangue 22, mentre l'altro cadde in errore trascinato nell'altra direzione da una parola a doppio senso. Traduzioni simili non sono soltanto oscure ma false, e la situazione in tali casi è ben diversa: si deve imporre che i codici siano non compresi ma emendati. Uno di tali errori si ha in quest'altro caso. μόσχος in greco significa " vitello ": motivo per cui alcuni hanno tradotto μοσχεύματα non " germogli di vite " ma " mandrie di vitelli ". Questo errore si è diffuso in tanti codici che se ne trova sì e no qualcuno con l'altra dicitura. Eppure, l'espressione è chiarissima in quanto manifestata dalle parole che la seguono, e cioè: I

vitigni bastardi non metteranno radici profonde 23, espressione molto più aderente al testo che non " mandrie di vitelli ", animali che camminano per terra con le zampe e non aderiscono alla terra mediante radici. In quel passo però anche gli altri testi similari hanno conservato la stessa traduzione.

Le finezze del latino, gradite ai puristi, non necessarie ai pii.

13. 19. Ci sono stati dei traduttori, e parecchi, che si sono espressi ciascuno secondo la sua capacità e il suo giudizio. In tal caso quale sia il significato della frase non appare se non si consulta la lingua da cui traducono; anzi, succede che il più delle volte il traduttore, se non è dotto al massimo grado, cada in errore allontanandosi dal senso dell'autore. Occorre pertanto esigere la conoscenza di quelle lingue dalle quali la Scrittura è passata in latino o avere sott'occhio le traduzioni di coloro che si tennero scrupolosamente fedeli alla paroletta. Queste traduzioni, certo, non sono sufficienti ma da esse si può ricavare la libertà o l'errore di quelli che traducendo preferirono attenersi non tanto alle parole quanto piuttosto alle intere frasi. Spesso infatti si traducono non solo singole parole ma anche intere frasi in modo che assolutamente non possono tollerarsi nell'uso della lingua latina, almeno se uno vuol conservare l'uso degli antichi che parlavano latino. Queste traduzioni, a volte, possono non

nuocere al significato, ma disgustano coloro che sono assuefatti a dilettarsi maggiormente del contenuto quando anche nei segni vedono osservata, per quanto si può, la necessaria purezza. Il solecismo, ad esempio (come lo si chiama), non è altro se non l'unione di parole fatta non secondo quella legge con cui le unirono coloro che non senza autorità parlarono prima di noi. Così a chi va in cerca delle cose non interessa se uno dica: Fra gli uomini, o: Fra degli uomini. Così il barbarismo, il quale cos'è mai se non una parola pronunciata non con quelle lettere o quell'accento con cui suole essere pronunciata da quelli che hanno parlato latino prima di noi? Ad esempio il verbo ignoscere [perdonare]. Colui che chiede a Dio di perdonare i propri peccati non si interessa molto se la terza sillaba debba pronunciarsi in forma lunga o breve, qualunque sia il modo secondo cui quel verbo può suonare. Cos'è dunque la purezza della fraseologia se non l'osservanza della consuetudine introdotta dagli altri e confermata dall'autorità degli antichi autori?.

Nell'avvicinarsi alla Scrittura occorre intelligente semplicità.

13. 20. Cose come queste tanto più dispiacciono agli uomini quanto più essi sono deboli, e sono tanto più deboli quanto più smaniano di essere considerati dotti, non di quella scienza mediante la quale siamo edificati ma della scienza dei segni, a motivo della

quale non è certo difficile gonfiarsi di superbia. In effetti la conoscenza delle cose di per se stessa molte volte fa alzare la cresta, a meno che non intervenga ad abbassarla il giogo del Signore. A chi infatti mira alla semplice comprensione cosa nuoce se si trova scritto così: Qual è la terra nella quale costoro risiedono in essa? se sia buona o cattiva? E come sono le città nelle quali loro abitano in esse? 24 Io riterrei che questa espressione appartenga a una lingua straniera piuttosto che contenere un qualche senso più profondo. Inoltre c'è quella parola che ormai non riusciamo a togliere via dalla bocca di chi canta: Su di lui invece fiorisce la mia santificazione 25. Il termine latino floriet non pregiudica affatto il senso della frase. L'uditore più dotto preferirebbe che la si correggesse e si dicesse: Florebit e non floriet; correzione che nessun'altra cosa ostacola se non l'abitudine dei cantori. Su cose come queste si potrebbe passar sopra facilmente, quando qualcuno non volesse evitarle, poiché non nuocciono affatto alla retta comprensione. Assai diverso è il caso del detto dell'Apostolo: Ciò che è stolto di Dio è più sapiente per gli uomini; ciò che è debole di Dio è più forte degli uomini 26. Se in questa espressione uno avesse voluto conservare la forma dell'espressione greca e avesse detto: Ciò che è stolto di Dio è più sapiente degli uomini, l'attenzione del lettore avveduto sarebbe certo andata alla verità della frase, ma qualcuno meno intelligente o non avrebbe capito niente o avrebbe capito male. In latino infatti tale espressione non sarebbe soltanto viziosa ma anche causerebbe una ambiguità, quasi che ciò che è stolto e debole negli uomini sia più sapiente e più forte di ciò che è stolto e debole in Dio. Anzi, la stessa espressione: È più sapiente per gli uomini non è senza ambiguità sebbene non contenga solecismi. A prescindere infatti dalla luce che proviene da tutta la frase, non risulta con chiarezza se per gli uomini sia stato detto derivandolo da " a questo uomo " o derivandolo da " da questo uomo ". Per cui è meglio dire: " È più sapiente che non gli uomini ed è più forte che non gli uomini ".

Conoscenza delle lingue e confronto fra i diversi codici.

14. 21. Più avanti parleremo dei segni ambigui; adesso vogliamo trattare dei segni non conosciuti, che sono, per quello che riguarda le parole, di due forme. Difatti a bloccare il lettore c'è o una parola sconosciuta o una frase sconosciuta. Le quali se derivano dalle lingue straniere, bisogna interrogare le persone che parlano quelle lingue o, se si ha tempo e intelligenza, occorre imparare tali lingue o consultare parecchi traduttori confrontandoli fra loro. Se invece è perché non conosciamo certe parole o frasi della nostra propria lingua, queste si impareranno abituandoci a leggere o ad ascoltare. In realtà, nessun'altra cosa è tanto necessaria imparare a

memoria quanto quelle specie di parole o di frasi che ignoriamo. Ci può capitare, ad esempio, una persona più istruita a cui si possa domandare ciò che noi non conosciamo, o può darsi che il testo stesso mostri, da quel che precede o da quel che segue o da tutti e due i contesti, quale portata abbia o cosa significhi quel che ignoriamo. In tale ipotesi con l'ausilio della memoria potremo facilmente decifrarlo e apprenderlo. Tuttavia, tanta è la forza dell'abitudine anche nell'imparare che della gente nutrita ed educata nelle Sacre Scritture si stupisca di fronte a certe espressioni dell'uso profano e le ritenga meno latine di quelle che hanno imparato nelle Scritture e che non si trovano negli scrittori latini. In questo campo giova anche moltissimo il numero dei traduttori quando lo si controlla ed esamina confrontando i loro codici. Si badi solo che non ci siano falsificazioni di senso. Difatti la diligenza di coloro che desiderano conoscere le sacre Scritture deve prima di tutto essere vigile nell'emendare i codici, per cui quelli non emendati cedano il posto a quelli emendati, se provengono esclusivamente da un'unica famiglia di traduzioni.

Fra le versioni preferibile l'Itala e, soprattutto, quella dei Settanta.

15. 22. Fra le diverse traduzioni alle altre si preferisca l'Itala, che è più aderente alle parole e più chiara nel pensiero. Per emendare poi qualsiasi codice latino si ricorra ai testi greci, tra i quali, per quel che riguarda

il Vecchio Testamento, tutti li supera in autorità la versione dei Settanta 27. A proposito di questi traduttori, presso tutte le Chiese più competenti si dice che abbiano tradotto in virtù di tale e tanta presenza dello Spirito Santo che una sia stata la voce di quegli uomini, pur essendo così numerosi. Si dice anche - e sono molti e non immeritevoli di fiducia quelli che lo affermano - che abbiano tradotto separati, ciascuno nella sua propria cella; eppure nel codice di nessuno di loro si trovò cosa che non si trovasse negli altri, espressa con le stesse parole e la stessa successione [di parole]. Chi oserebbe, non dico preferire, ma anche paragonare qualche altra versione ad una così autorevole? Se poi lavorarono insieme, di modo che una sia stata la voce di tutti a motivo dell'investigazione e del parere comune, nemmeno in tal caso è necessario o conveniente che un sol traduttore, esperto quanto si voglia, pretenda di emendare ciò che d'accordo hanno detto tanti antichi e dotti personaggi. Per la qual cosa, anche se nei codici ebraici si trovasse qualcosa di diverso da quello che hanno detto costoro, credo che bisogni arrendersi al piano divino che si è realizzato per loro mezzo. In tal modo quei libri che il popolo giudaico o per attaccamento religioso o per invidia si rifiutava di far conoscere agli altri popoli, tramite il potere del re Tolomeo furono comunicati con molto anticipo alle genti che per grazia del Signore avrebbero creduto. Può darsi quindi che quegli scrittori abbiano tradotto come credette fosse opportuno dire alle genti lo Spirito Santo che li muoveva all'azione e che aveva donato a tutti un'identica loquela. Ma, come ho detto sopra, non è mai inutile il confronto con gli autori che come questi rimasero più aderenti alle parole per spiegare, in diverse occasioni, il senso della frase. In conclusione, i codici latini del Vecchio Testamento, come avevo cominciato a dire, se è necessario, occorre revisionarli sull'autorità dei codici greci, in particolare dei codici di quegli uomini che, essendoSettanta, a quanto ci è stato tramandato, hanno tradotto come ad una sola voce. Quanto ai libri del Nuovo Testamento, se qualcosa è incerto nella varietà dei testi latini, non c'è dubbio che questi debbono cedere ai greci, soprattutto quelli in uso presso le Chiese meglio istruite e più accurate.

Anche i tropi o traslati sono ricchi di insegnamenti.

16. 23. Per quanto riguarda i segni traslati, se ce ne sono di sconosciuti che costringono il lettore a sospendere il giudizio, li si deve ricercare in parte con la conoscenza delle lingue e in parte con quella delle cose. Ci può infatti essere qualcosa che abbia valore figurativo; e di fatto la piscina di Siloe, dove per comando di Cristo andò a lavarsi il viso colui al quale il Signore aveva spalmato gli occhi col fango fatto mediante lo sputo 28, suggerisce senza dubbio un senso nascosto. Ciononostante, essendo il nome in

una lingua sconosciuta, se l'Evangelista non l'avesse tradotto, un significato così importante sarebbe rimasto celato. Così è di molti nomi ebraici che non sono stati tradotti dagli autori dei rispettivi libri. Non c'è dubbio che, se uno riesce a tradurli, contengono una non piccola forza e sono un valido aiuto per risolvere le incomprensibilità della Scrittura. Effettivamente hanno arrecato ai posteri un non piccolo aiuto quegli uomini che, esperti in lingua ebraica, tradussero tutti quei nomi, staccandoli dal contesto scritturale. Così ci han detto cosa signifíchi Adamo, cosa Eva, cosa Abramo, cosa Mosè, e così pure i nomi geografici come Gerusalemme, Sion, Gerico, Sinai, Libano, Giordano, e ancora tanti altri nomi di quella lingua che a noi sarebbero rimasti sconosciuti. Spiegati e tradotti quei nomi, diventano palesi molte locuzioni figurate contenute nella Scrittura.

Esempi di cose naturali usate in senso traslato.

16. 24. La mancata conoscenza delle cose rende oscure le locuzioni figurate, come accade quando non conosciamo la natura degli animali, o delle pietre, o delle erbe, o di qualsiasi altra cosa che nelle Scritture il più delle volte viene menzionata con valore di similitudine. Così è di quella cosa nota che usa fare il serpente, che cioè per riparare il capo presenta a chi vuol ferirlo il resto del corpo. Questo spiega il detto del Signore in cui ci comanda di essere astuti come

serpenti 29. In luogo del nostro capo, che è Cristo 30, dobbiamo offrire ai persecutori il nostro corpo, di modo che non succeda che, in certo qual modo, venga uccisa in noi la fede cristiana, se per risparmiare il corpo rinneghiamo Dio. Del serpente si dice ancora che, cacciandosi forzatamente per le strettoie della sua buca, abbandoni la vecchia squamatura e riceva nuove forze. Quanto ci giova imitare questa astuzia del serpente perché, come dice l'Apostolo, ci spogliamo dell'uomo vecchio e rivestiamo del nuovo 31. E ce ne spogliamo passando per luoghi stretti, avendo detto il Signore: Entra per la porta stretta 32. Ecco come la conoscenza della natura del serpente ci illustra parecchie similitudini che la Scrittura è solita trarre da questo animale. Analogamente la mancata conoscenza di alcuni animali, ricordati non meno del serpente per motivi figurativi, ostacola moltissimo chi vuol comprendere la Scrittura. Così delle pietre, così delle erbe e di tutto ciò che è sostenuto da radici. Sapere, ad esempio, che il carbonchio riluce nell'oscurità illumina molti passi anche oscuri dei nostri libri, dovunque lo si ponga a modo di similitudine. Inoltre ignorare come sia il berillo e il diamante chiude parecchie volte la porta di una esatta comprensione della Bibbia. È facile invece capire come mai la pace permanente sia significata dal ramoscello di olivo che la colomba riportò all'arca al suo ritorno 33. Questo, perché sappiamo che l'olio, anche se liscio, se tocca un altro liquido non si altera e, quanto alla pianta stessa, è tutto l'anno coperta di foglie verdi. Viceversa, molti non conoscono cosa sia l'issopo e quale vigore abbia. Esso giova a liberare il polmone [dal catarro] e così pure, a quel che si racconta, riesce con le sue radici a penetrare la roccia, essendo un'erbetta bassa e piccola. Per questo non riescono a trovare il motivo per cui è detto: Mi aspergerai con l'issopo e io sarò mondato 34.

La penetrazione dei numeri utile per l'approfondimento della Scrittura.

16. 25. L'ignoranza dei numeri impedisce di comprendere molte cose poste nella Scrittura in forma traslata o figurativa. Ad esempio, una mente che io chiamerei nobile non può non rimanere sorpresa dal perché mai Mosè, Elia e lo stesso nostro Signore abbiano digiunato quaranta giorni 35. Questo fatto comporta un groviglio di simbologie che non si scioglie se non mediante la conoscenza e la meditazione del numero in parola, il quale contiene il dieci preso quattro volte, quasi che si sia voluta inserire nel tempo la conoscenza di tutte le cose. Difatti il corso del giorno e dell'anno si svolgono sulla base del numero quattro: il giorno secondo frazioni orarie costituenti il mattino, il mezzogiorno, la sera e la notte; l'anno, secondo i mesi, della primavera, dell'estate, dell'autunno e dell'inverno. Orbene, noi, che pur viviamo nel tempo, ci dobbiamo astenere, o con altro termine " digiunare ", dai piaceri temporali

in vista dell'eternità nella quale vogliamo avere la vita. Anzi, dallo stesso fluire del tempo ci si offre l'ammaestramento del disprezzo delle cose temporali e della brama delle cose eterne. Quanto poi al numero dieci, esso a sua volta ci inculca simbolicamente la conoscenza del Creatore e della creatura; l'essere trino infatti è proprio del Creatore, mentre il sette indica la creatura, a motivo della vita e del suo corpo. Nella vita infatti ci sono tre elementi, per i quali ci si dice anche di amare Dio con tutto il cuore, con tutta l'anima e con tutta la mente 36. Quanto poi al corpo, vi appaiono manifestissimi i quattro elementi da cui risulta. In questo numero dieci presentato a noi nella prospettiva temporale, mentre lo si moltiplica per quattro, ci si dà l'ordine di vivere con castità e continenza, segregati dai piaceri temporali, che sarebbe poi il digiunare per quaranta giorni. A questo ci richiama la legge, rappresentata dalla persona di Mosè, a questo i Profeti rappresentati da Elia; a questo lo stesso nostro Signore, che, quasi ricevesse la testimonianza dalla Legge e dai Profeti, là sul monte risplendette in mezzo a loro di fronte ai tre discepoli che lo guardavano stupiti 37. Successivamente si ricerca come dal numero quaranta si formi il cinquanta, numero altamente sacro nella nostra religione a motivo della Pentecoste 38. Questo numero moltiplicato per tre - a motivo dei tre periodi: prima della legge, sotto la legge e sotto la grazia, o a motivo del nome del Padre, del Figlio e dello Spirito

Santo - con l'aggiunta eminentissima, cioè, della stessa Trinità si riferisce al mistero della Chiesa quando sarà perfettamente purificata. Si arriverà cioè a quei centocinquantatré pesci, presi dalle reti gettate a destra nella pesca dopo la risurrezione del Signore 39. Così in moltissime altre forme numeriche certe misteriose rappresentazioni sono poste nelle sacre Scritture, forme che rimangono inesplorate ai lettori a causa dell'ignoranza dei numeri.

Nozioni di musica e comprensione della Scrittura.

16. 26. Non pochi contenuti impedisce e nasconde l'ignoranza di certe realtà in campo musicale. Un tale, ad esempio, partendo dalla differenza fra salterio e cetra, scoprì in maniera non bizzarra alcuni simbolismi annessi alle cose. Così è del salterio a dieci corde 40. Non scriteriatamente si cerca tra gli esperti se abbia una qualche esigenza musicale che richieda un così elevato numero di corde, o, se non ce l'ha, il numero di per se stesso debba essere preso piuttosto con valore mistico. Il quale valore potrebbe derivare dal rapporto col decalogo della legge - il cui numero, se si vogliono fare ricerche, non si deve riferire ad altri all'infuori del Creatore e della creatura - o dal numero dieci di per se stesso, come sopra è stato esposto. E poi c'è il numero della durata della costruzione del tempio, riferito dal Vangelo 41, cioè il numero di quarantasei anni. Mi pare che abbia un non so che di musicale, e, riferito all'edificio del corpo del

Signore, in vista del quale si fa menzione del tempio, esso costringe certi eretici a confessare che il Figlio di Dio non si rivestì di un corpo fittizio ma veramente umano. Effettivamente troviamo in parecchi passi delle sante Scritture che il numero e la musica sono collocati in posizioni di privilegio.

Esempio di racconti favolosi: l'origine delle Muse.

17. 27. Né bisogna ascoltare le false superstizioni dei pagani a proposito delle Muse, che essi supposero essere nove, figlie di Giove e di Memoria. Li confuta Varrone, del quale non saprei dire se nel paganesimo ci sia un uomo più informato e un ricercatore più accanito a proposito di cose come queste. Dice che in una non so quale città - non ne ricordo il nome - si misero a concorso presso tre artisti tre statue delle Muse. Le si doveva porre come dono votivo nel tempio di Apollo e sarebbero state scelte e comprate, di preferenza, quelle dell'artista che le avesse fatte più belle. Accadde invece che quegli artisti presentarono le loro opere tutte ugualmente belle: tutte e nove piacquero alla cittadinanza e tutte furono comprate per essere esposte nel tempio di Apollo. A loro - dice ancora Varrone - più tardi il poeta Esiodo impose il nome. Non fu dunque Giove a generare le nove muse ma tre artisti ne composero tre per ciascuno. E, quanto a quella città, ne aveva messe a concorso tre non perché qualcuno le aveva così viste in sogno o perché loro stesse avevano mostrato agli occhi di

qualcuno di essere in tal numero, ma perché era facile osservare che ogni suono - che è la materia delle canzoni - si presenta per sua natura in triplice forma. Infatti, o lo si emette con la voce, come quando senza strumento si canta con la gola, o soffiando, come accade nelle trombe o nei flauti, o per percussione, come nella cetra o nei tamburi e in tutti gli altri strumenti che emettono suoni quando li si percuote.

Il cristiano accetta la verità anche se scoperta da pagani.

18. 28. Stiano o no le cose come dice Varrone, quanto a noi non dobbiamo per delle superstizioni dei profani rifuggire dalla musica, se da essa possiamo trarre vantaggi per comprendere le sante Scritture. Né dobbiamo badare alle loro banalità teatrali quando trattiamo delle cetre e degli organi e ciò contribuisce alla comprensione delle cose spirituali. Difatti non ci siamo sentiti obbligati a non imparare le lettere perché dicono che loro inventore sia stato Mercurio. Ancora, per il fatto che essi dedicarono templi a Giustizia e a Virtù, preferendo di adorare nella pietra ciò che invece si sarebbe dovuto custodire nel cuore, non per questo dobbiamo fuggire la giustizia e la virtù. Tutt'altro! Ogni cristiano buono e sincero, dovunque trova la verità, comprende che appartiene al suo Signore e, confrontandola e discernendola, ripudi anche nei libri sacri gli elementi superstiziosi ivi indotti. Si rammarichi - e ne stia in guardia -

chegli uomini, conoscendo Dio, non l'hanno glorificato come Dio né l'hanno ringraziato ma, diventati vani nei loro pensieri, si oscurò il loro stupido cuore. Dicendo di essere sapienti, divennero stolti e scambiarono la gloria del Dio incorruttibile con l'immagine figurata dell'uomo corruttibile, o degli uccelli o dei quadrupedi o dei serpenti 42.

Distinzione fra le dottrine del paganesimo.

19. 29. Tutto questo argomento, essendo sommamente necessario, dobbiamo spiegarlo con la massima diligenza. Ebbene, due sono le categorie della dottrina dei pagani, che da loro poi vengono tradotte in pratica anche nei costumi: una comprende le cose istituite dagli uomini, l'altra le cose che, come hanno essi stessi notato, si sono già realizzate o sono state istituite da Dio. Ciò che è di istituzione umana in parte è superstizioso, in parte no.

Vacuità e stoltezza di molte superstizioni pagane.

20. 30. È superstizioso tutto ciò che è stato inventato dagli uomini per fabbricarsi o prestare culto agli idoli e mira a venerare come dio la creatura o singoli esseri del mondo creato. Inoltre lo è tutto ciò che fanno per consultare i demoni e federarsi con loro stipulando patti convenzionati sulla base di segni, come sarebbero gli artifizi della magia: cose che i poeti sono soliti ricordare piuttosto che insegnare. Del

medesimo genere sono i libri degli aruspici e degli àuguri, distinguendosene per una, diciamo cosi, più libera vacuità. In questo genere rientrano ancora gli amuleti e le fattucchierie, riprovati dalla stessa scienza medica e consistenti in incantesimi o in certi segni chiamati sigilli o nell'appendere certe cose ovvero legarle addosso o anche nel compiere delle forme di salti, se è lecito chiamarli così: salti che non tendono all'allenamento del corpo ma a significare delle cose occulte o anche manifeste. Tutte queste cose con vocabolo più blando essi le chiamano " realtà fisiche " per far vedere che esse non influiscono in forza di una superstizione ma giovano per la loro natura. Tali sono gli orecchini all'estremo di ciascun orecchio, o gli anelli di osso di struzzo alle dita; o come, quando ti viene il singhiozzo, ti si dice di tenere con la destra il pollice della sinistra.

Superstizioni balorde ridicolizzate dallo stesso Catone.

20. 31. A queste si debbono aggiungere le mille altre stupidissime pratiche a cui sogliono badare, come, ad esempio, se un membro palpita, se quando due amici camminano l'uno accanto all'altro una pietra o un cane o un bambino passa loro fra mezzo. Che poi essi diano un calcio alla pietra, quasi avesse potere di rompere l'amicizia è, naturalmente, meno nocivo del prendere a schiaffi un bimbo innocente che di corsa passa in mezzo ai due che camminano l'uno a fianco

dell'altro. Il bello poi è quando, come a volte capita, i cani si prendono le difese dei bambini. Difatti - e questo succede moltissime volte - alcuni individui sono così superstiziosi che osino colpire anche il cane che sia passato nel loro mezzo; ma ciò non impunemente, in quanto il cane, oggetto della vana fattucchieria, talvolta manda prontamente da un medico vero colui che lo ha colpito. Superstizione sono anche queste altre usanze: calcare la soglia di casa tutte le volte che vi si passa dinanzi; tornare a letto se mentre si mettono i calzari si starnutisce; tornare a casa se camminando si inciampa; quando i sorci rodono un vestito, tremare di più per l'incubo di un male futuro che rammaricarsi per il danno subito. Fine, al riguardo, è il detto di Catone quando fu consultato da uno che gli diceva avergli i sorci rosicchiato le scarpe. Rispose non essere strabiliante una cosa del genere; veramente strabiliante sarebbe stato se le scarpe avessero rosicchiato i sorci.

Le scempiaggini dei genetliaci o matematici.

21. 32. Né si debbono distinguere da questo genere di perniciosa superstizione quelli che vanno sotto il nome di genetliaci, a motivo delle considerazioni fatte in base al giorno del compleanno e che ora la gente chiama astrologi. È vero che essi, quando uno nasce, ricercano la vera posizione delle stelle e qualche volta anche l'indovinano; tuttavia sbagliano di grosso quando da tali ricerche si sforzano di

predire le nostre azioni o gli eventi connessi con tali azioni, vendendo agli uomini inesperti una miserabile servitù. Ecco infatti uno che va del tutto libero da un simile astrologo. Lo paga per uscire, dalle sedute presso di lui, schiavo o di Marte o di Venere o piuttosto di tutte le stelle, alle quali i primi che errarono e trasmisero l'errore ai posteri diedero il nome o di qualche bestia, a causa della somiglianza, o di qualche uomo, al fine di onorare costui. Né c'è da stupirsi se, in tempi recenti e a noi vicini, la stella chiamata " stella del mattino " i Romani abbiano tentato di dedicarla al culto e al nome di Cesare; e la cosa facilmente sarebbe riuscita e la costumanza ormai inveterata se la stella da chiamarsi con questo nome non se la fosse già in antecedenza accaparrata Venere, antenata di Cesare: la quale peraltro non vantava alcun diritto di trasmettere agli eredi ciò che viva non aveva mai posseduto né chiesto di possedere. In effetti, dove un posto era vacante e non era legato con l'onore dovuto a qualcuno morto in precedenza, è stato fatto ciò che si è soliti fare in simili occasioni. Così per i mesi: il quinto e il sesto mese noi li chiamiamo Luglio e Agosto, appellazioni intese a dare onore a Giulio Cesare e a Cesare Augusto. Allo stesso modo chiunque lo voglia può capire che anche quelle stelle hanno compiuto i loro giri nel cielo anche quando non portavano i nomi che portano adesso. Quanto a quei morti di cui gli uomini furono costretti dal potere reale a onorare la memoria, la cosa piacque per l'umana vanità; con l'imporre i loro nomi alle stelle si dava l'impressione di volere innalzare al cielo quegli stessi che morivano lì fra mezzo a loro. Ma, comunque vengano chiamati dagli uomini, sono sempre astri creati da Dio e da lui sistemati come gli parve opportuno. Essi hanno un movimento stabile, mediante il quale vengono distinti i tempi nella loro varietà. Determinare a che punto si trovi questo moto quando nasce ogni uomo è cosa facile, sulla base di leggi scoperte e poste in scritto da coloro che la sacra Scrittura condanna quando dice: Se tanto poterono conoscere da riuscire a valutare il mondo, come mai non hanno con maggiore facilità scoperto il Signore del mondo? 43

Grave errore e pazzia condizionare la vita umana al corso delle stelle.

22. 33. È peraltro un grave errore e una grande pazzia voler predire, da tale investigazione, i costumi, gli atti, e gli avvenimenti di coloro che nascono. E in effetti tale superstizione viene riprovata, senza alcuna tergiversazione, da coloro che hanno imparato a disimpararla. Quelle infatti che essi chiamano costellazioni sono la descrizione delle stelle come si trovavano quando nasceva quel tale nei confronti del quale questi sciagurati venivano consultati da altri più sciagurati ancora. Ora può accadere che due gemelli vengano alla luce a distanza talmente ridotta che fra loro non si possa computare alcun momento di tempo

e designarlo con i numeri delle costellazioni. In tal modo alcuni gemelli cadono necessariamente sotto le stesse costellazioni, mentre poi non hanno identici gli eventi nelle cose che fanno o subiscono ma, il più delle volte, sono talmente diversificati che uno vive felicissimo e l'altro molto infelice. Così accadde a Esaù e Giacobbe. Sappiamo che nacquero gemelli e così ravvicinati che Giacobbe, che nasceva per secondo, si trovava a tenere con la mano il piede del fratello che nasceva per primo 44. Certamente il giorno e l'ora di nascita di questi due non si possono precisare altrimenti che assegnando a tutti e due la stessa costellazione. Eppure la Scrittura ci attesta - e la cosa è passata sulla bocca di tutte le genti - che grandissima fu la diversità fra i costumi, gli eventi, le fatiche e i successi dell'uno e dell'altro.

La presunzione umana, causa di falsità.

22. 34. Né è cosa pertinente quella che essi affermano e cioè che la stessa frazione di tempo, per quanto minima e insignificante, che distanzia il parto di due gemelli vale molto nell'ordine oggettivo dei fatti naturali, data la velocità quanto mai celere dei corpi celesti. Anche se concedessi che ciò vale moltissimo, tuttavia non potrebbe essere reperito dall'astrologo nelle costellazioni, esaminando le quali egli stesso confessa di predire i destini. Se dunque non gli risulta dall'esame delle costellazioni, che necessariamente osserva unificate, tanto se le consulti per Giacobbe

quanto per suo fratello, che utilità può ricavare dal fatto che esse distano nel cielo - che lui oltraggia nella sua sicumera parlandone con leggerezza - ma non distano nella tavoletta che egli consulta inutilmente sebbene preoccupato e ansioso? Concludendo, anche queste opinioni basate su certi segni reali trovati dall'umana presunzione, dovrebbero essere quasi ricondotte alla stregua di quei fatti e convenzioni con il demonio di cui si parlava sopra.

Gli angeli cattivi intervengono talora ad ingannare l'uomo.

23. 35. Da tutto questo deriva, per un occulto giudizio divino, che gli uomini, bramosi di cose cattive, secondo i meriti della loro volontà siano consegnati (dovendo essere illusi e ingannati) agli angeli prevaricatori che s'incaricano appunto di illuderli e ingannarli. A costoro infatti, secondo il bellissimo ordine che regna nelle cose, per disposizione della divina Provvidenza è assoggettata questa parte del mondo che è la più bassa. A motivo di queste illusioni e inganni diabolici succede che, mediante le varie superstizioni e le diverse specie di perniciose divinazioni, vengano dette molte cose passate e future, né accadono altrimenti da quanto divinato. Molte cose avvengono ancora dinanzi agli osservatori in conformità con le loro osservazioni, di modo che questi, imbrigliati [nell'errore], divengano più avidi di

sapere e siano irretiti sempre più nei molteplici lacci del loro perniciosissimo errore. Questa è una specie di fornicazione dell'anima di cui salutarmente la Scrittura divina non ha voluto tacere; né da essa ha dissuaso l'anima con minacce terribili perché rifuggisse dal seguirla soltanto a motivo delle falsità che dicono quelli che la praticano ma anche - dice - se vi dicessero così e così avvenisse, non dovete prestare loro fede 45. Non per il fatto, quindi, che lo spettro di Samuele morto preconizzi al re Saul cose vere 46, si devono esecrare di meno tali atti sacrileghi in forza dei quali quello spettro fu costretto a presentarsi. Così negli Atti degli Apostoli. Quando quella donna ventriloqua diede una testimonianza veridica agli apostoli del Signore, Paolo non risparmiò quello spirito ma piuttosto liberò la donna rimproverando e cacciando il demonio 47.

Dio permette la pestilenziale combutta tra demoni e uomini perversi.

23. 36. Tutti gli artifizi di questo tipo di superstizione, o sciocca o malefica, derivanti da una, chiamiamola così, pestilenziale combutta fra gli uomini e i demoni, essendo come dei patti di incredula e ingannevole amicizia stipulati [fra l'uomo e il diavolo], debbono essere respinti ed evitati in maniera assoluta dal cristiano. Dice l'Apostolo: Non che l'idolo sia qualcosa ma perché ciò che immolano lo immolano ai demoni e non a Dio. Ora io non voglio che voi siate

in alleanza con i demoni 48. Ebbene, ciò che l'Apostolo diceva a proposito degli idoli e delle carni che immolate venivano offerte in loro onore, lo stesso si deve ritenere di tutti i segni immaginari che conducono o al culto degli idoli o a venerare come Dio il mondo creato o qualche sua parte, come pure di tutte quelle cose che hanno pertinenza con la pratica di fasciature o altre fattucchierie. Tutte queste cose non sono imposte da Dio quasi in forma ufficiale per aumentare l'amore di Dio e del prossimo ma dissipano il cuore dei miseri [che le praticano] mediante le varie forme di bramosia che ognuno ha per le cose temporali. In tutte queste dottrine bisogna dunque temere ed evitare ogni collaborazione con i demoni, i quali insieme con il loro principe, il diavolo, non si propongono altro che tentare di chiudere e di serrare la porta del nostro ritorno. Congetture umane e fallaci sono state inventate dagli uomini a proposito delle stelle che Dio creò e ordinò. Allo stesso modo, a proposito di esseri che nascono o di cose che esistono in un dato modo, conforme all'economia della divina Provvidenza, molti hanno scritto molte cose, architettate generalmente o quasi sulla base di congetture umane, qualora per caso accadano in maniera fuori dell'ordinario, come quando partorisca una mula o un oggetto sia colpito dal fulmine.

Alla radice di molte superstizioni c'è la curiosità o l'ansia.

24. 37. Tutte queste cose hanno tanto valore quanto loro ne presta la presunzione degli animi, alleata con i demoni mediante una specie di comune linguaggio. Tutte poi sono piene di pestilenziale curiosità, di inquietudine tormentosa e di asservimento mortale. Hanno colpito la fantasia dell'uomo non perché valessero qualcosa ma perché hanno colpito e le si è prese in considerazione quasi fossero segni, ed hanno cominciato a valere; e per questo motivo si presentano diversamente alle diverse persone, cioè a ciascuno secondo quello che pensa o presume. Difatti quegli spiriti, che si prefiggono di ingannare, procurano a ciascuno cose corrispondenti a quelle da cui vedono essere ciascuno intrappolato mediante le sue congetture e i consensi che dà. Prendiamo ad esempio la lettera " X ": ha un'unica forma - la si scrive con due assi incrociate -, eppure una cosa significa in greco, un'altra in latino, non di per se stessa ma perché quel significato si è convenuto di darle. Pertanto, uno che conosce le due lingue, se scrivendo vuol indicare qualcosa a un greco, non prende quella lettera con lo stesso significato col quale la usa quando scrive a un latino. Così, con lo stesso e identico suono Beta in greco si indica una lettera, in latino è il nome di un ortaggio. E quando dico Lege, con queste due sillabe una cosa vi intende chi è greco e un'altra chi è latino. Come si vede,

dunque, tutti questi significati suscitano nell'animo dei moti in conformità con quanto si è convenuto nell'ambiente sociale di ciascuno e, siccome si è convenuto diversamente, suscitano moti diversi. Né furono gli uomini a convenire su di loro perché già anticipatamente avevano un qualche significato, ma in tanto significavano qualcosa in quanto così avevano convenuto gli uomini. Così è di quei segni con cui ci si procura la sciagurata connivenza con i demoni: essi valgono secondo le attribuzioni date da ciascuno. Questo appare nella maniera più lampante nel rito degli àuguri, i quali, e prima di osservare i segni e quando posseggono i segni osservati, si danno da fare per non vedere il volo degli uccelli e non udire la loro voce. In effetti, questi segni sono nulli, se non vi si aggiunge il giudizio consenziente di chi li ha osservati.

Rappresentazioni umane non superstiziose.

25. 38. Recise e sradicate dall'animo cristiano tutte queste pratiche, è tempo ormai di esaminare quelle altre pratiche umane che non sono superstizioni, non sono state cioè inventate per trattare con i demoni ma con gli altri uomini. Difatti tutte le cose che fra gli uomini hanno un valore per il fatto che essi hanno convenuto di attribuirglielo sono istituzioni umane; e fra queste alcune sono superflue e di lusso, altre utili e necessarie. Per esempio, se i segni che nel ballare fanno gli istrioni avessero un significato in base alla

natura e non all'invenzione o al consenso degli uomini, non ci sarebbe stato bisogno, nei primi tempi, che, mentre il pantomimo ballava, l'araldo annunziasse al popolo cartaginese ciò che voleva indicare il ballerino. Ora questa cosa la ricordano ancora molti vecchi, dal cui racconto noi l'abbiamo raccolta. E la cosa è da credersi perché anche adesso se entra in teatro uno che sia all'oscuro di tali scempiaggini, se non c'è un altro che gli spieghi il significato di tante mosse, inutilmente vi pone tutta l'attenzione. Tutti però cercano una certa similitudine significante, di modo che gli stessi segni, per quanto possono, siano simili alle cose che significano. Ma siccome una cosa può essere simile ad un'altra sotto parecchi aspetti, tali segni non sono fissi fra gli uomini, a meno che non ce li renda il consenso dell'uomo.

Istituzioni umane valide o truffaldine.

25. 39. Per quanto concerne le pitture, le statue e le altre opere figurative simili a queste, specialmente se composte da bravi artisti, nessuno si sbaglia, osservandone la somiglianza, a riconoscere le cose a cui sono simili. Ebbene, tutta questa categoria di segni la si deve computare come una istituzione superflua introdotta dagli uomini, a meno che non ci sia un qualche interesse per loro in vista del perché,

dove, quando e con quale autorità vengano fatte. A migliaia poi sono le favole immaginarie e le falsità e le menzogne di cui si dilettano gli uomini, e tutte sono di istituzione umana. E in effetti nessuna cosa deve stimarsi più propria degli uomini, cioè ricavata dalla loro realtà umana, di quanto non lo siano le falsità e le menzogne. Invece sono da ritenersi istituzioni utili e necessarie degli uomini nei confronti con gli altri uomini tutte quelle differenze che piacque loro trovare nell'ambito del vestirsi e dell'igiene o del rispetto e della distinzione dei sessi. Innumerevoli sono le specie dei segni senza i quali la società umana non potrebbe o per nulla o non senza incomodi mantenersi. Essi consistono in pesi e misure, nel conio e nella valutazione di monete, e sono propri di ogni città e popolo. Così tanti altri di questo genere che, se non fossero di istituzione umana, non varierebbero a seconda dei popoli né, in ciascun popolo in particolare, cambierebbero a discrezione dei suoi governanti.

Il cristiano illuminato sa scegliere fra le diverse invenzioni umane.

25. 40. Quanto a tutta questa parte di istituzioni umane, che utilmente o necessariamente servono nell'uso della vita, il cristiano non deve fuggirle, anzi, nella misura che è sufficiente, deve prenderne conoscenza per ritenerle nella memoria.

26. 40. Alcune di queste istituzioni, opera dell'uomo, sono sfumate e in certo qual modo simili a quelle naturali. Di esse, quelle che dicono riferimento a patti con i demoni, come è stato detto, le si deve rigettare e detestare. Quanto invece a quelle che gli uomini ritengono nei loro rapporti vicendevoli, le si deve accettare, per quel tanto che non sono né di lusso né superflue. Soprattutto si debbono accettare le forme delle lettere, senza le quali non potremmo leggere, e la varietà delle lingue, per quanto è sufficiente, come abbiamo esposto sopra. Di questo tipo sono anche le note [calligrafiche], note che imparano coloro che con nome appropriato si chiamano notai. Queste sono cose utili: non è illecito impararle, poiché non implicano superstizione né illanguidiscono con il lusso, purché ci si lasci occupare da loro tanto da non impedirci cose più importanti, per imparare le quali le prime debbono fungere da serve.

Osservazioni di dettaglio.

27. 41. Ancora: le cose che gli uomini hanno accumulato non con propria istituzione ma ricercando o gli eventi dei tempi passati o le istituzioni provenute da Dio, non le si deve considerare istituzioni umane. Alcune di queste dicono riferimento ai sensi del corpo, altre invece alla ragione, dote dell'anima. Ebbene, quelle che si raggiungono con i sensi del corpo, o le crediamo se sono narrate, o le sentiamo se ci vengono mostrate, o le accettiamo, magari per via

di congetture, se sono oggetto di esperienza.

Somma utilità della storia.

28. 42. Quanto ci insegna quella scienza chiamata storia nei riguardi degli eventi passati e la loro successione giova moltissimo alla comprensione dei libri santi, anche se è scienza che si impara fuori della Chiesa nella istruzione ricevuta da giovani. In base alle Olimpiadi e ai nomi dei consoli noi infatti indaghiamo spesso su molti eventi, e la mancata conoscenza del consolato nel quale il Signore nacque e di quello in cui morì portò alcuni all'errore di credere che il Signore morì all'età di quarantasei anni. In realtà dissero i Giudei che nello spazio di questi anni era stato costruito il tempio 49, che figuratamente rappresentava il corpo del Signore. Che il Signore sia stato battezzato all'età di circa trent'anni noi lo riteniamo un dato certo per l'autorità del Vangelo 50, ma quanti anni sia rimasto in questa vita dopo il battesimo lo possiamo, è vero, intendere dal succedersi delle azioni compiute da lui, tuttavia per dissipare ogni ombra di dubbio, da qualunque parte derivi, si desume con assoluta certezza dalla storia profana comparata col Vangelo. Così infatti si vede che non fu detto invano che il tempio fu costruito in quarantasei anni, e, se questo numero non può riferirsi all'età del Signore, lo si riferisce alla conformazione più intima del corpo umano, di cui non esitò a rivestirsi per amore nostro l'unico Figlio di

Dio, ad opera del quale furono fatte tutte le cose 51.

Con la conoscenza della storia si risolvono molte questioni bibliche.

28. 43. Nei riguardi della storia, omettendo i Greci, ricorderò il nostro Ambrogio e come egli risolse quella grande questione che, in atteggiamento di critici spietati, ponevano i lettori e gli ammiratori di Platone. Costoro osavano dire che tutte le massime di nostro Signore Gesù Cristo, che essi si sentivano costretti ad ammirare ed elogiare, egli le avesse apprese dai libri di Platone, poiché è innegabile che Platone è esistito molto tempo prima della venuta del Signore. Il soprannominato vescovo, considerando la storia profana scoperse che Platone si recò in Egitto al tempo di Geremia. Essendo questo Profeta anche egli in Egitto, è più probabile - dimostra Ambrogio - che Platone attraverso Geremia abbia attinto alla nostra letteratura, per poter insegnare e scrivere le cose che in lui si elogiano. In realtà prima della letteratura del popolo ebraico, in cui si segnala il culto per l'unico Dio - di quel popolo, dico, dal quale secondo la carne è venuto il nostro Signore 52 -, non visse nemmeno Pitagora, dai successori del quale - dicono costoro - Platone apprese la teologia. Pertanto, considerati i tempi, diviene molto più attendibile l'opinione che costoro abbiano attinto dalla nostra letteratura tutte le cose buone e vere che hanno detto, anziché il Signore Gesù Cristo abbia attinto dagli scritti di Platone.

Credere una tal cosa sarebbe il colmo della pazzia.

Altro è la storia, altro le fantasticherie di certi pagani.

28. 44. Per quanto con il racconto storico si narrino anche le istituzioni concernenti il passato degli uomini, non per questo la storia in se stessa deve annoverarsi fra le stesse istituzioni umane. Infatti le cose passate, che non possono diventare irrealizzate, sono da ascriversi nell'ordine dei tempi, dei quali creatore e padrone è Dio. E poi, una cosa è raccontare i fatti, un'altra è l'insegnare il da farsi. Ora la storia narra fedelmente e utilmente i fatti, al contrario dei libri degli aruspici e di ogni altra letteratura di questo genere, che insegnano il da farsi o il da osservarsi in base all'audacia del parlatore e non in base alla fedeltà di un testimone.

Vantaggi e pericoli delle cognizioni scientifiche.

29. 45. C'è anche un genere di narrazione che è simile alla descrizione e col quale si segnalano alle persone, che ne sono all'oscuro, non le cose passate ma quelle presenti. A questo genere appartengono tutte le composizioni concernenti la geografia, la natura degli animali, delle piante, delle erbe, delle pietre e di altri corpi. Di questo genere di scritti abbiamo trattato sopra e abbiamo insegnato che la loro conoscenza ha del valore positivo per risolvere gli enigmi delle

Scritture. Non li si deve prendere come dei segni nel senso che appartengano al genere dei rimedi o di qualche astruseria superstiziosa. In effetti, già sopra abbiamo collocato a parte quel genere e lo abbiamo separato da questo [di cui parlo adesso e] che è lecito e libero. Un conto infatti è dire: Se berrai di quest'erba sminuzzata ti passerà il dolore di pancia, e un altro conto è dire: Se ti appendi al collo quest'erba, ti passerà il mal di pancia. Nel primo caso si ha una mistura salutare che si approva, nel secondo un segno superstizioso che si condanna. È vero che, quando non si tratta di incantesimi, di evocazioni o di amuleti, il più delle volte rimane dubbio se la cosa che si lega a un corpo che si vuol guarire o in qualsiasi altro modo si applica ad esso abbia della virtù per forza naturale - e allora si potrebbe adoperare liberamente - o le provenga da qualche connessione con la categoria degli incantesimi. In questo caso il cristiano se ne deve guardare con tanto maggiore cautela, quanto sembrerà essere maggiore la sua efficacia. Ma quando non si sa in forza di quale causa un segno è efficace, è interessante osservare l'intenzione con cui ciascuno se ne serve, nell'ambito sempre di guarire o normalizzare i corpi, tanto nel campo della medicina che in quello dell'agricoltura.

Astronomia e astrologia.

29. 46. Quanto alla cognizione degli astri, essa non costituisce un racconto ma una osservazione, e di tali

osservazioni la Scrittura ne contiene molto poche. Da un lato, in effetti, è noto a moltissimi il ciclo lunare, al quale ricorriamo per fissare la celebrazione solenne che ogni anno facciamo della passione del Signore, dall'altro però pochissimi conoscono senza errore il sorgere delle rimanenti stelle e così pure il loro tramontare o gli altri loro periodi. Questa conoscenza, di per se stessa, sebbene non sia connessa con alcuna superstizione, tuttavia non giova molto, anzi, quasi per niente, nell'esposizione delle divine Scritture; piuttosto la ostacola per l'inutile attrazione che esercita sull'anima. E, siccome ha delle affinità col dannosissimo errore di coloro che con canti insulsi predicono gli eventi, è più sbrigativo e più serio disprezzarla. Essa, tuttavia, oltre che l'osservazione delle cose presenti, ha anche qualcosa che la rende simile al racconto delle cose passate, in quanto dalla presente posizione degli astri e dal loro moto ci è consentito ricorrere normalmente anche alle tracce del loro passato. Essa permette di fare delle congetture precise sui tempi futuri, congetture non basate su ipotesi o fenomeni divinatori ma comprovate ed esatte. Non per questo comunque siamo autorizzati a tentare di ricavare da loro alcunché in rapporto con le nostre azioni o avvenimenti, come sono le conclusioni pazzesche dei genetliaci, ma solo per quanto si riferisce alle stelle in se stesse. Porto l'esempio di chi osserva la luna. Guardando in che fase è oggi e come era tanti anni fa, si può dire anche come sarà fra un certo numero di anni. Così anche quelli che osservano le singole stelle: chi ne sa calcolare il corso in base alla scienza riesce di solito a rispondere [con uguale precisione]. Di tutto questo scibile e di ciò che si riferisce al suo uso, ecco pertanto esposto il mio parere.

Le conoscenze delle varie attività umane.

30. 47. Si dovrebbe anche parlare delle altre arti. Ci sono quelle in cui si costruisce qualcosa che, prodotto da un operaio, rimane anche dopo che l'opera di lui è terminata: così una casa, un mobile, uno strumento di vario uso e oggetti di questo tipo. Ci sono attività in cui si collabora con Dio, che è l'artefice vero e proprio: tali la medicina, l'agricoltura, la guida di una nave. Altre ce ne sono in cui tutto l'effetto si esaurisce nell'azione, come il ballo, la corsa, la lotta. In tutte queste arti gli esperimenti del passato permettono di congetturare anche le cose future: difatti ognuno che le pratica nell'agire non muove le membra se non ricollega il ricordo del passato con la tensione verso l'avvenire. Alla conoscenza di queste arti nello stesso ambito della vita umana si deve ricorrere moderatamente e di sfuggita, non per praticarle, a meno che qualche dovere ce lo imponga (cosa di cui non voglio ora trattare), ma per darne un giudizio, di modo che non succeda che ignoriamo completamente ciò che la Scrittura vuole insegnare quando desume da queste arti qualche espressione figurata.

Conoscenza della dialettica, dei suoi vantaggi e pericoli.

31. 48. Rimangono le scienze che dicono relazione non ai sensi del corpo ma all'intelletto, dote dell'anima, dove fanno da regine la dialettica e la matematica. La dialettica reca moltissima utilità là dove si tratta di penetrare e risolvere qualsiasi genere di problemi che si trovano nelle sacre Lettere. Nell'usarla occorre soltanto evitare la smania di litigare e quella specie di ostentazione puerile di far cadere in trappola l'avversario. Ci sono infatti, e numerosi, i cosiddetti sofismi, cioè conclusioni false di un ragionamento che spesso rassomigliano talmente alle vere da trarre in inganno non solo i tardi d'ingegno ma anche gli intelligenti, se non vi badano con tutta accortezza. Una volta un tale al suo interlocutore propose questo raziocinio: " Ciò che sono io, tu non lo sei ". E l'altro acconsentì, sebbene la cosa fosse solo parzialmente vera, ma mentre l'uno era cavilloso l'altro era sempliciotto. Allora quegli riprese: " Orbene io sono un uomo ". E quando l'altro ebbe ammesso anche questo, il primo tirò la conclusione dicendo:" Quindi tu non sei un uomo ". Questo genere di conclusioni capziose viene detestato - a quanto posso ritenere - dalla Scrittura là dove dice: Chi parla da sofista è meritevole di odio 53. Inoltre anche un parlare non capzioso ma che va alla ricerca di abbellimenti verbali più di quanto non convenga al parlare serio è [dalla Scrittura] chiamato

parlare sofisticato.

Occhi aperti di fronte ai tranelli del dialettico.

31. 49. Ci sono inoltre certi raziocini con affermazioni vere collegate però con conclusioni false, derivanti dalla convinzione erronea di colui col quale si parla. L'uomo buono ed erudito fa leva su tali conclusioni affinché colui dal cui errore esse derivano arrossisca e abbandoni l'errore, poiché, a voler rimanere in tale errore, necessariamente dovrebbe accettare anche quello che riprova. Non erano infatti vere le conclusioni tirate dall'Apostolo quando diceva: Nemmeno Cristo è risorto 54, o anche: Vana è la nostra predicazione e vana è la vostra fede 55. Queste e tutte le altre affermazioni che aggiunge sono false, poiché in effetti Cristo è risorto e non era falsa la predicazione di quanti annunziavano questo evento né la fede di coloro che in esso credevano. Ma queste conclusioni false giustamente le si connetteva con quell'affermazione [falsa in se stessa] secondo cui non ci sarebbe stata la risurrezione dei morti. Ripudiando queste false conclusioni - che sarebbero state vere se di fatto non ci fosse stata la risurrezione dei morti - ne seguiva come conseguenza la realtà della risurrezione stessa dei morti. Essendoci dunque conclusioni vere derivanti non solo da premesse vere ma anche false, è facile apprendere il metodo delle concatenazioni logiche vere anche dalle scuole che non sono della Chiesa; la verità delle affermazioni è tuttavia da

ricercarsi sempre nei Libri santi posseduti dalla Chiesa.

Struttura ed efficacia del sillogismo.

32. 50. La verità dei sillogismi, in se stessa, non è stata inventata dagli uomini ma da loro soltanto constatata e formulata, per poterla imparare e insegnare. Si tratta infatti di una realtà che si trova da sempre nell'ordine delle cose e chi l'ha stabilita è Dio. Così è di colui che narra l'ordine dei tempi: non è lui che lo costituisce. Così colui che descrive le località o la natura degli animali, delle piante o delle pietre, non mostra cose istituite dagli uomini. Anche colui che osserva le stelle e i loro moti non mostra una cosa istituita da sé o dagli altri uomini. Allo stesso modo colui che dice: " Quando è falsa la conclusione, necessariamente deve essere falsa anche la premessa ", dice una cosa verissima, che però non è lui a renderla tale: egli soltanto la osserva. Secondo questa norma procede quel ragionamento dell'apostolo Paolo sopra ricordato. La premessa infatti, è, in quel caso, che non c'è la risurrezione dei morti, cosa che affermavano coloro dei quali l'Apostolo voleva demolire l'errore. In effetti, a quella premessa, secondo la quale non c'è risurrezione dei morti, tiene dietro necessariamente la conclusione: Nemmeno Cristo è risorto 56. Ora questa conclusione è falsa - Cristo infatti è risorto -, per cui la premessa deve essere falsa anch'essa. Siccome poi tale premessa è

che i morti non risorgono, segue necessariamente che essi risorgono. Detto in breve, il ragionamento fila così: Se non si dà risurrezione dei morti nemmeno Cristo è risorto; ma Cristo è risorto; quindi la risurrezione dei morti esiste. Questo modo di ragionare per cui tolto il conseguente viene a cadere anche l'antecedente non l'hanno inventato gli uomini ma solo constatato. E questa regola riguarda la struttura del raziocinio, che è vera, non la verità delle affermazioni [sulle quali si argomenta].

Nesso fra premesse e conclusioni.

33. 51. Nel passo citato, dove si trattava della risurrezione, è vera e la struttura del raziocinio e la conclusione che se ne deduce. Nelle affermazioni false invece la verità dell'argomentazione è di questo tipo. Supponiamo che uno abbia ammesso come vera la seguente proposizione: Se la lumaca è un animale, ha una voce. Ammesso questo, quando gli sarà stato dimostrato che la lumaca non ha voce - dal momento che tolto il conseguente viene a cadere anche l'antecedente - dovrà concludere che la lumaca non è un animale. Questa conclusione è falsa ma, una volta ammesso un antecedente falso, è vera la concatenazione che porta a tale conclusione. Pertanto la verità di una proposizione ha valore di per se stessa, mentre la verità di un raziocinio si basa su ciò che crede o ammette colui col quale si ragiona. È per questo che, come dicevamo sopra, da

un'argomentazione con premesse vere deduciamo anche una conclusione falsa, affinché colui del quale vogliamo correggere l'errore si penta di aver ammesso la proposizione antecedente, vedendo che sono da respingere le conseguenze. Da ciò si può facilmente comprendere che, come da false proposizioni si possono tirare conclusioni vere, così da vere proposizioni conclusioni false. Poni il caso che uno abbia fatto l'ipotesi: Se quel tale è giusto è anche buono, e che la cosa sia stata ammessa per vera. Il primo avrebbe potuto a quel punto sussumere: Ma egli non è giusto, e supponiamo che questa sua sussunta parimenti sia stata accettata. Da queste premesse egli avrebbe potuto tirare questa conclusione: Pertanto non è buono. Orbene, anche se tutte queste cose siano vere, non è tuttavia vera la norma con cui si è arrivati alla conclusione. Infatti quando si toglie un conseguente, si toglie necessariamente anche l'antecedente, ma quando si toglie un antecedente non si toglie necessariamente anche il conseguente. È vero quando diciamo: Se è un oratore è anche un uomo; ma se da questa affermazione passiamo all'altra: Ma non è un oratore, non sarebbe conseguente concludere: Allora non è un uomo.

Regole della logica e verità delle affermazioni.

34. 52. Si conclude che una cosa è conoscere le norme che sono alla base del raziocinio, un'altra

conoscere la verità delle affermazioni. Con le prime si impara cosa sia conseguente, cosa non conseguente e cosa ripugni. È conseguente l'espressione: Se è un oratore è anche un uomo; non conseguente: Se è un uomo è anche un oratore; ripugna: Se è un uomo è anche un quadrupede. Si tratta sempre comunque di valutare la concatenazione in se stessa. Quando invece si tratta della verità delle affermazioni, si debbono considerare le affermazioni in se stesse, non la loro concatenazione. Comunque, quando affermazioni incerte si uniscono mediante una relazione logica vera ad affermazioni vere e certe, necessariamente anche esse diventano certe. Ci sono poi alcuni che, per avere imparato la dottrina del comporre raziocini esatti,, si vantano quasi che tale risorsa sia la stessa verità delle affermazioni; mentre al contrario altri, pur possedendo la verità dell'affermazione, si deprimono a torto per il fatto che ignorano le norme del tirare conclusioni. Certamente però è in condizione migliore chi sa che c'è la risurrezione dei morti che non coloro che sanno essere conseguente che, se non c'è risurrezione dei morti, nemmeno Cristo risorse 57.

Definizioni vere, possibili anche in cose false.

35. 53. La scienza del definire, del dividere o del distribuire, sebbene la si adoperi anche in cose il più delle volte false, di per sé tuttavia non è falsa, né è stata inventata dagli uomini, ma è stata riscontrata

nell'ordine delle cose. È vero che di essa si sono serviti abitualmente i poeti nei loro racconti favolosi e così pure i falsi filosofi e gli eretici, cioè i falsi cristiani nelle loro teorie errate. Non per questo tuttavia è falso che nel definire, nel dividere o nel distribuire non si possa accettare ciò che non ha connessione con la cosa in se stessa o scartare ciò che con la cosa ha connessione. Questo è vero anche se non sono vere le cose che si definiscono o distribuiscono. C'è infatti una definizione per lo stesso falso, e lo definiamo dicendo che il falso è una cosa rappresentata diversamente da quella che è, o in qualche altra maniera. Si tratta di una definizione vera, sebbene il falso non possa mai essere cosa vera. E ne possiamo fare anche la divisione, dicendo che ci sono due specie di falso: una delle cose che proprio non possono essere, un'altra delle cose che potrebbero essere ma non sono. Così chi dice: Sette più tre fa undici, dice una cosa che non può essere in senso assoluto, mentre uno che dice, ad esempio: Il primo di gennaio è piovuto, per quanto la cosa non sia accaduta, dice tuttavia una cosa che sarebbe potuta accadere. Pertanto la definizione e la ripartizione delle cose false può essere verissima, sebbene le cose false in se stesse non possano certo essere vere.

Norme e limiti dell'eloquenza.

36. 54. Ci sono inoltre alcuni precetti riguardanti una dialettica più evoluta che si chiama eloquenza. Sono

precetti veri, sebbene possano servire per insegnare il falso. Ma, siccome ci si può insegnare anche il vero, non bisogna incolpare l'arte in se stessa ma la perversità di chi se ne serve malamente. Infatti non è stato stabilito dagli uomini il fatto che una manifestazione di affabilità concili l'animo dell'ascoltatore, o che una narrazione breve e chiara trasmetta facilmente ciò che si intenda dire, o che la varietà nell'esporre tenga attenti gli uditori e non li annoi. Così di altre norme analoghe, che si adoperano in cause tanto false quanto vere e sono di per se stesse vere in quanto fanno o conoscere o credere qualcosa o spingono gli animi o a cercare o a rifuggire alcunché. Esse sono state scoperte perché tale è la realtà delle cose e non introdotte affinché le cose stessero in tale maniera.

Non si preferiscano retorica e dialettica alla sapienza del cuore.

37. 55. Questa parte di dottrina, quando la si conosce, deve usarsi più per comunicare le cose che si sono comprese che non come mezzo per comprenderle. Viceversa, l'altra parte - quella delle conclusioni, delle divisioni e delle distribuzioni - aiuta moltissimo chi mira a comprenderle. Ci si tenga però lontani dall'errore per cui gli uomini, quando hanno imparato queste regole, credono d'aver toccato con mano la verità stessa della vita beata. Il più delle volte capita, in effetti, che si comprendano in se stesse le cose, per

comprendere le quali si imparano queste norme, con facilità maggiore di quanto non si comprendano le scienze complicatissime e spinosissime che insegnano tali norme. È come quando uno, volendo dare le norme per camminare, cominci col dire che non bisogna alzare il piede che sta dietro se non quando poggia in terra quello che sta avanti e poi descriva minuziosamente come si debbano muovere gli appoggi delle articolazioni e dei polpacci. È vero tutto quel che dice, né si può camminare in altra maniera; ma è più facile che gli uomini facciano quei movimenti camminando di quanto non lo sia il porvi mente quando li fanno o li capiscano quando ne sentono parlare. Quanto poi a quelli che non possono camminare, molto meno ancora si preoccupano di cose che non possono conseguire con la propria esperienza. Così il più delle volte una persona intelligente vede che una conclusione non è consistente prima ancora di capirne le norme. Chi invece è tardo d'ingegno non la vede, ma molto meno vede le norme che la riguardano. Comunque, in tutte queste cose spesso la presentazione della verità ci diletta più di quanto non ne siamo aiutati nel disputare o nel giudicare. È vero che [tali arti] possono rendere gli ingegni più esercitati; c'è però il pericolo che li renda anche più maliziosi e più gonfi [d'orgoglio]. Occorre cioè badare che quelli che hanno appreso tali scienze non amino o ingannare con discorsi o domande basate sul verosimile né credano di avere raggiunto chi sa quali grandezze, per cui si preferiscono ai buoni e agli onesti.

La scienza dei numeri.

38. 56. Quanto alla scienza dei numeri, anche a chi è eccezionalmente tardo d'ingegno è evidente che essi non sono stati inventati dagli uomini, ma piuttosto da loro investigati e scoperti. Non può succedere, riguardo ai numeri, quel che è successo nei riguardi della prima sillaba della parola Italia: gli antichi la pronunciavano breve, ma intervenne Virgilio ed è diventata lunga 58. Non così ciascuno di proprio arbitrio può fare sì che tre per tre non faccia nove o che non formino una figura quadrata o che non siano il triplo rispetto a tre, una volta e mezzo rispetto a sei, il doppio di nessun numero perché i numeri dispari non hanno la metà 59. Sia dunque che li si consideri in se stessi sia che vengano usati per comporre le leggi delle figure o dei suoni o di altri moti, i numeri hanno regole immutabili, regole che non sono state inventate dagli uomini ma scoperte dall'acume degli ingegni più dotati.

Le creature dovrebbero portare l'uomo alla lode del creatore.

38. 57. Uno potrebbe amare tutte queste cose per vantarsene quando si trova fra gente ignara e non piuttosto per investigare da che dipende la verità di

quelle cose che si è accorto essere solo vere e come mai alcune fra di esse sono non solo vere ma anche immutabili, se appunto comprende che sono immutabili. In questo modo dalla forma dei corpi perviene alla mente umana. E poi, trovando che quest'anima è mutevole, perché ora sa ora non sa, la vede collocata fra la verità incommutabile che la sovrasta e le rimanenti cose che sono mutevoli e inferiori a lei. Così deduce che tutte le creature rivolgono l'uomo alla lode e all'amore dell'unico Dio, dal quale riconosce che tutto deriva. Chi ragiona così può, certo, sembrare dotto, anche se non è in alcun modo sapiente.

Il giovane cristiano di fronte alle conquiste della scienza.

39. 58. Ai giovani appassionati del sapere, dotati di intelligenza e timorati di Dio che ricercano la sapienza si possono dare salutarmente questi precetti: non si permettano di seguire con animo tranquillo - quasi che bastassero per raggiungere la vita beata - nessuna scienza di quelle che si professano al di fuori della Chiesa di Cristo, ma le valutino con mente lucida e con diligenza. Potrà succedere che si imbattano in scienze inventate dagli uomini, diverse a causa della diversa volontà di chi le ha inventate e cadute in oblio a causa dei sospetti che suscita chi è incappato nell'errore o, soprattutto, casi in cui tali scienze contengono una società stipulata con i demoni

quasi per mezzo di patti o convenzioni fondate su certi segni. In questi casi i nostri giovani le debbono radicalmente rigettare e detestare. E inoltre debbono disinteressarsi delle scienze umane superflue e di lusso. Quanto invece alle istituzioni umane che servono alla convivenza sociale, a motivo dei rapporti che hanno con la vita presente, non le debbono trascurare. Una parola sulle altre scienze che si trovano presso i pagani. Positiva è la descrizione delle cose, passate e presenti, che riguardano i sensi del corpo. Ad esse devono aggiungersi gli esperimenti e le supposizioni delle arti utili nell'ambito della fisica. Positivo pure l'uso del metodo del raziocinio e del numero. All'infuori di queste materie credo che altre utili non ci siano. E riguardo a tutto questo deve osservarsi la norma: Nulla di troppo! 60soprattutto riguardo a quelle cose che, avendo relazione con i sensi del corpo, sottostanno all'andare del tempo e sono contenute nello spazio.

Utilità dei sussidi biblici: lavoro da incrementarsi.

39. 59. Alcuni si sono dati da fare per tradurre separatamente tutti i verbi e i nomi ebraici, siriani, egiziani o scritti in qualsiasi altra lingua usata nelle sante Scritture, qualora questi verbi e nomi si trovino senza traduzione. Ciò fece Eusebio nei riguardi della cronologia storica, a motivo di certe questioni dei Libri divini che ne richiedevano l'apporto. Gli altri lo fecero nei riguardi delle altre materie consimili, per

liberare il cristiano dalla necessità di sostenere molti lavori a motivo di poche cose. Allo stesso modo ritengo che compia un'opera veramente caritatevole e vantaggiosa ai fratelli colui che con gioia si dedica ad elencare in scritto, facendone la sola spiegazione e descrivendo le cose in forma generica, tutte le località geografiche, gli animali, le erbe, le piante, le pietre e i metalli sconosciuti e tutti gli oggetti di vario genere di cui la Scrittura fa menzione. Lo stesso può farsi anche nei riguardi dei numeri, limitando il computo ai soli numeri ricordati nella divina Scrittura. In questo campo alcune ricerche, o forse tutte, sono già state eseguite; difatti abbiamo trovato molte nozioni elaborate e messe in iscritto da cristiani buoni e dotti, come non avremmo mai pensato. Sono lavori che giacciono nell'oscurità per la negligenza di molti o perché certi invidiosi li hanno occultati. Non so se la stessa cosa possa farsi sul sistema di discutere; credo anzi che la cosa sia impossibile perché la discussione è collegata a guisa di nervatura lungo tutto intero il testo scritturale. Questo lavoro aiuta i lettori più a risolvere e spiegare le ambiguità che non a conoscere i segni ignoti di cui ora ci occupiamo.

Conquiste filosofiche e arti liberali: da usarsi con criterio.

40. 60. Riguardo ai cosiddetti filosofi, massimamente ai platonici, nell'ipotesi che abbiano detto cose vere e consone con la nostra fede, non soltanto non le si

deve temere ma le si deve loro sottrarre come da possessori abusivi e adibirle all'uso nostro. Ci si deve comportare come gli Ebrei con gli Egiziani. Questi non solo veneravano gli dèi ed imponevano ad Israele oneri gravosi che il popolo detestava fino a fuggirne, ma diedero loro vasi e gioielli d'oro e d'argento e anche delle vesti. Il popolo ebraico all'uscita dall'Egitto di nascosto se li rivendicò come propri, per farne - diciamo così - un uso migliore. Non fecero ciò di loro arbitrio ma per comando di Dio, e gli egiziani a loro insaputa glieli prestarono: ed effettivamente erano cose delle quali essi non facevano buon uso 61! Lo stesso si deve dire di tutte le scienze dei pagani. Esse racchiudono invenzioni simulate e superstiziose come pure gravi pesi che costringono a un lavoro superfluo, cose tutte che ciascuno di noi, uscendo dal mondo pagano al seguito di Cristo deve detestare ed evitare. Contengono però insieme a questo anche arti liberali, più consone con il servizio della verità, e alcuni utilissimi precetti morali; presso di loro si trovano anche alcune verità sul culto dell'unico Dio. Tutto questo è come il loro oro e argento, che essi non inventarono ma estrassero da certe - chiamiamole così - miniere della divina Provvidenza, che si espande dovunque. È vero che essi nella loro perversione e iniquità ne abusano per rendere culto ai loro dèi; non per questo però il cristiano, pur separandosi con lo spirito dalla loro miserabile società, deve buttar via tali ritrovati, qualora servano alla giusta missione di predicare il Vangelo. Sarà anche lecito prendere ed adibire ad uso cristiano anche la loro veste, cioè le istituzioni, opera di uomini, che siano aderenti alla convivenza umana, alla quale in questa vita non possiamo sottrarci.

Autori cristiani ben forniti di cultura classica.

40. 61. In realtà, cos'altro fecero molti nostri buoni fedeli? Non ci accorgiamo forse come fosse sovraccarico di oro, di argento e di vesti quando usciva dall'Egitto Cipriano, dottore incantevole e martire beatissimo? Come lo fosse Lattanzio e come lo fossero Vittorino, Ottato, Ilario, per tacere dei vivi? Come lo fossero innumerevoli padri greci? Una tal cosa fece per primo lo stesso Mosè, servo fedelissimo di Dio, del quale sta scritto che era istruito in ogni sorta di sapienza degli Egiziani 62. A tutti questi uomini la cultura superstiziosa dei gentili - specie in quei tempi in cui, respingendo il giogo di Cristo, perseguitava i cristiani - mai avrebbe fornito scienze ritenute utili se avesse sospettato che esse si sarebbero cambiate fino a rendere culto all'unico Dio, dal quale sarebbe stato abbattuto il culto vano degli idoli. Se quindi diedero oro, argento e vesti al popolo di Dio che usciva dall'Egitto, lo fecero perché ignoravano come le cose che davano sarebbero tornate a onore di Cristo. Quanto infatti accadde nell'Esodo senza dubbio aveva valore simbolico per raffigurare quest'altro fatto: cosa che mi permetto di

asserire senza pregiudicare altri significati di identico
o più alto valore.

Accostarsi alla Scrittura ricchi di scienza e carità.
Proprietà dell'issopo.

41. 62. Quando lo studioso di sacra Scrittura,
equipaggiato in questa maniera, comincerà ad
avvicinarsi ad essa per indagarne il senso, non cessi
di pensare a quell'ammonimento dell'Apostolo: La
scienza gonfia, la carità costruisce 63. Così infatti si
persuaderà che, sebbene esca ricco dall'Egitto, non
potrà essere salvo se non avrà celebrato la Pasqua.
Ora la nostra Pasqua è Cristo che si è immolato 64, e
l'immolazione di Cristo nient'altro ci insegna più
insistentemente di ciò che lui stesso grida - come a
gente che vede soffrire in Egitto sotto il Faraone
-: Venite a me, voi tutti che soffrite e siete gravati da
pesi e io vi ristorerò. Prendete il mio giogo sopra di
voi e imparate da me che sono mite e umile di cuore e
troverete riposo per le vostre anime. Infatti il mio
giogo è soave e il mio peso leggero 65. A chi dice
queste cose se non ai miti e agli umili di cuore, che
non sono gonfiati dalla scienza ma costruiti dalla
carità?. Ricordino dunque quelli che nei tempi antichi
celebrarono la Pasqua attraverso ombre e figure:
quando si ingiungeva loro di segnalare gli stipiti
bagnandoli col sangue dell'agnello, essi li bagnarono
mediante l'issopo 66, un'erba tenera ed umile che però
ha le radici più forti e penetranti di ogni altra pianta.

Così è di noi. Radicati e fondati nella carità dobbiamo saper comprendere, insieme a tutti i santi, quale sia la larghezza, la lunghezza, l'altezza e la profondità 67, cioè la croce del Signore. Di questa croce la larghezza sta nel legno trasversale su cui si stendono le braccia; la lunghezza, da terra fino al legno orizzontale, e su di essa sta confitto il resto del corpo dalle braccia in giù; l'altezza, dal legno orizzontale sino alla sommità, dove poggia il capo; la profondità, ciò che, conficcato per terra, rimane nascosto. Con questo segno della croce si descrive tutto l'agire del cristiano: compiere in Cristo opere buone, a lui aderire con perseveranza, sperare le cose celesti, non profanare i sacramenti. Purificati da questi impegni di vita rinnovata, noi saremo in grado di conoscere la carità di Cristo che supera ogni scienza umana 68 e per la quale egli è uguale al Padre - lui per opera del quale furono fatte tutte le cose 69 - sicché siamo ripieni di ogni pienezza di Dio. Nell'issopo c'è anche una virtù purificante, per cui non succederà che, gonfiandoci la scienza per le ricchezze tolte agli Egiziani, il nostro polmone tumefatto aspiri a cose superbe. Dice: Mi aspergerai con issopo e sarò purificato, mi laverai e sarò più bianco della neve. Mi farai ascoltare gioia e letizia 70. Poi aggiunge come logica conseguenza, per dimostrare che con l'issopo si rappresenta la purificazione dall'orgoglio: Ed esulteranno le ossa che hai umiliato 71.

Confronto fra S. Scrittura e scienze umane.

42. 63. È da considerare che la quantità di oro, argento e vesti che quel popolo portò con sé dall'Egitto fu molto piccola rispetto alle ricchezze che accumulò poi a Gerusalemme, come risalta principalmente sotto il re Salomone 72. Allo stesso modo si deve dire che tutta la scienza - scienza invero utile - ricavata dai libri del paganesimo è molto piccola se la si confronta con la scienza desunta dalle divine Scritture. In effetti, qualunque cosa possa l'uomo imparare dal di fuori [delle Scritture], se è nociva, è in esse condannata; se è utile, è in esse contenuta. E quando uno ha trovato nelle Scritture tutte le cose che utilmente potrebbe imparare altrove, troverà inoltre in esse, e con molto maggiore abbondanza, tante altre cose che non si trovano assolutamente altrove, mentre nelle Scritture, e lì soltanto, le si apprende, data la loro mirabile altezza e umiltà. Segni sconosciuti non ostacolino il lettore munito di questo bagaglio di istruzioni; sia mite e umile di cuore, si assoggetti con mansuetudine al giogo di Cristo. Gravato del suo peso, che poi non è grave ma leggero; fondato e radicato e costruito nella carità, che la scienza non riesce a gonfiare, si accosti a scrutare e a discutere i segni ambigui che si trovano nelle Scritture, dei quali mi accingerò a dire adesso nel terzo libro quel che il Signore si degnerà di suggerirmi.

LIBRO TERZO

Ammonimento introduttivo.

1. 1. La persona timorata di Dio cerca diligentemente nelle Sacre Scritture la volontà divina. Mansueto nella sua pietà, non ama i litigi; fornito della conoscenza delle lingue, non rimane incastrato in parole e locuzioni sconosciute; fornito anche della conoscenza di certe cose necessarie, non ignora la forza e l'indole delle medesime quando vengono usate come paragone. Si lascia anche aiutare dall'esattezza dei codici ottenuta mediante una solerte diligenza nella loro emendazione. Chi è così equipaggiato venga pure ad esaminare e risolvere i passi ambigui della Scrittura. Per non essere tratto in inganno da segni ambigui, per quanto possibile, si lascerà equipaggiare anche da noi. Potrà, è vero, succedere che egli, o per l'acutezza del suo ingegno o per la lucidità derivatagli da un'illuminazione superiore, derida come puerili le vie che nelle presenti pagine gli vogliamo mostrare. Tuttavia, come avevo cominciato a dire, nella misura che può essere istruito da noi, colui che si trova in quello stato d'animo che gli consenta di ricevere il nostro ammaestramento sappia che la Scrittura può presentare ambiguità sia nelle parole proprie sia in quelle traslate. Di queste due specie di linguaggio abbiamo già trattato nel secondo libro.

Come ovviare all'ambiguità di certi passi scritturali.

2. 2. Quando sono le parole proprie a rendere ambigua la Scrittura, per prima cosa bisogna vedere se per caso non abbiamo distinto male o mal pronunciato la frase. Che se, nonostante l'attenzione prestata, lo studioso si avvede chiaramente essere incerto il modo di distinguere o di pronunziare, consulti la regola della fede che ha ottenuto attraverso i passi scritturali più facili o mediante l'autorità della Chiesa, come abbiamo esposto nel primo libro parlando delle cose. Se poi tutte e due o tutte quante le parti (quando sono più di due) suonano ambigue a tenore della fede, occorre consultare il testo stesso del discorso nelle parti precedenti e in quelle susseguenti, che contengono in mezzo il passo con ambiguità, perché possiamo vedere a quale interpretazione, delle molte che si presentano, vada la preferenza per essere più strettamente inserita nel contesto.

Badare alla punteggiatura per evitare ambiguità.

2. 3. Per ora considera degli esempi. Gli eretici così distinguono la frase: In principio era il Verbo, e il Verbo era presso Dio e Dio era, sicché viene a cambiarsi il senso del verso successivo in:Questo Verbo era in principio presso Dio, e chi dice così non vuol confessare che il Verbo è Dio. Ma una tale lettura deve essere scartata a tenore della regola della

fede, in forza della quale ci si impone l'uguaglianza nella Trinità, per cui dobbiamo leggere: E il Verbo era Dio e poi proseguiamo: Egli era in principio presso Dio 1.

Esempi illustrativi.

2. 4. Ecco ora un'altra ambiguità di distinzione che in nessuna delle due parti si oppone alla fede, e pertanto la si deve valutare dal tenore stesso del discorso. E' là dove l'Apostolo dice:Ciò che dovrei scegliere lo ignoro; sono infatti stretto da due cose: desidero essere sciolto [da questo corpo] ed essere con Cristo, cosa di gran lunga migliore; rimanere però nella carne è necessario per il vostro bene 2. Incerto se si debba leggere: Ho desiderio di due cose o: Da due cose sono stretto, a cui si aggiungerebbe: desiderando d'essere sciolto ed essere con Cristo. Ma poiché continua: Cosa di gran lunga migliore, appare che egli dice di desiderare quella che è di gran lunga migliore, in maniera tale che, essendo stretto fra due cose, di una ha desiderio, dell'altra invece necessità: desiderio di essere con Cristo, necessità di rimanere nella carne. Questa ambiguità viene dissolta dalla parola che segue e che vi è stata aggiunta, cioè infatti. I traduttori che omisero questa paroletta sono stati portati a quella interpretazione che fa sembrare l'Apostolo non solo stretto da due cose ma anche avere desiderio di due cose. Così dunque bisogna separare: E ciò che debba scegliere ignoro; sono

stretto però da due cose, alla quale separazione segue: Avendo desiderio di essere sciolto per essere con Cristo. E come se gli si chiedesse perché mai avesse di preferenza un tale desiderio, dice: E' infatti cosa di gran lunga migliore. In che senso allora è stretto da due cose? Perché aveva anche la necessità di rimanere, a proposito della quale soggiunge: Restare però nella carne è necessario per il vostro bene.

Ambiguità di separazione insolubile.

2. 5. Dove l'ambiguità non può essere dissolta né dalla regola della fede né dal testo del discorso in se stesso, nulla si oppone a che la frase venga separata secondo l'una o l'altra delle possibilità che si presentano. Così è di quella frase ai Corinti: Avendo dunque, o carissimi, queste promesse, purifichiamoci da ogni sozzura della carne e dello spirito, realizzando la santificazione nel timore di Dio. Capiteci! Non abbiamo nociuto a nessuno 3. È veramente dubbio se si debba leggere: Purifichiamoci da ogni sozzura della carne e dello spirito, in conformità con la frase:Perché sia santa nel corpo e nello spirito 4, ovvero: Purifichiamoci da ogni sozzura della carne e poi, con senso diverso: E realizziamo la santificazione dello spirito nel timore di Dio. Capiteci! Tali ambiguità di separazione sono lasciate all'arbitrio di chi legge.

Pronunce e accentuazioni dubbie.

3. 6. Quel che abbiamo detto circa l'ambiguità nelle separazioni si deve osservare anche nelle ambiguità di pronuncia. In effetti, anche queste, se non siano viziate da un'eccessiva trascuratezza del lettore si debbono rettificare a tenore delle regole della fede e del contesto antecedente o conseguente del discorso. Se a nessuno dei due motivi si ricorre per ottenere una pronuncia corretta, l'una e l'altra pronuncia resterà dubbia, per cui, in qualsiasi modo il lettore pronunzierà, sarà incolpevole. La fede, ad esempio, ci fa credere che Dio non si erge ad accusatore dei suoi eletti e che Cristo non condanna i suoi eletti. Se non ci dissuadesse questa fede, quel detto [di Paolo] potrebbe pronunciarsi: Chi si farà accusatore degli eletti di Dio?con un tono di interrogazione, a cui segua quasi la risposta: Dio che giustifica. E di nuovo, dopo l'interrogazione: Chi è che condanna? si potrebbe rispondere: Cristo Gesù che è morto 5. Ma siccome questo è quanto di più pazzesco possa pensarsi, lo si dovrà pronunciare in modo che preceda la questione e segua l'interrogazione. Tra questione e interrogazione gli antichi dissero che c'è questa differenza: alla questione si possono dare svariate risposte, mentre nell'interrogazione si può rispondere solo: " No " o " Sì ". Si pronunzierà dunque così. Dopo il quesito con cui chiediamo: Chi si farà accusatore degli eletti di Dio? si pronunzierà in tono interrogativo: Dio che giustifica? e la risposta sarà un

sottinteso: " No ". E così dopo il quesito: Chi è che
condanna? deve parimenti seguire
l'interrogativo: Cristo Gesù che è morto, che anzi è
risorto, che è alla destra di Dio e intercede per noi 6?
di modo che si risponda sempre con un " No "
sottinteso. Diverso è il passo dove dice: Che diremo
dunque? Che i pagani che non praticavano la giustizia
hanno conquistato la giustizia 7. Se dopo il quesito
che suona: Che diremo dunque? non si facesse
seguire la risposta [affermativa]: Che le genti che non
praticavano la giustizia hanno conquistato la giustizia,
la frase conseguente mancherebbe di coesione [con
l'antecedente]. Si è invece liberi nel pronunziare
l'espressione di Natanaele: Da Nazaret può venire
qualcosa di buono 8. Può solo in parte ritenersi
affermativa, inserendo nell'interrogazione solo le
parole: Da Nazaret? ovvero a tutta la frase può
estendersi il dubbio di chi interroga. Non vedo in base
a che possa farsi la scelta e, inoltre, quanto al senso,
la fede non esclude né l'uno né l'altro.

Il testo e il contesto aiutano a risolvere frasi ambigue.

3. 7. C'è anche un'ambiguità derivante dal suono
dubbio delle sillabe, ambiguità che rientra anch'essa
nell'ambito della pronuncia. Prendiamo il passo
scritturale: A te non è nascosto il mio " os ", che tu
hai fatto nel segreto 9. A chi legge non è palese se la
sillaba " os " debba pronunziarsi breve o lunga. Se si

legge breve, al singolare, deve leggersi nel senso che il suo plurale sia " ossa "; se si legge lunga, è il singolare di quel plurale che è ora (" bocche "). Tali problemi si risolvono guardando alla lingua precedente, e difatti in greco non c'è scritto στόμα ma ὄστεον. Ne segue che il più delle volte l'uso popolare di parlare è più utile dell'integrità letterale per darci il senso delle cose. Ed effettivamente io preferirei che, nonostante il barbarismo, si dicesse ossum (non ti è nascosto il mio ossum) anziché la frase, per essere più latina, diventasse meno chiara. A volte però capita che il suono dubbio di una sillaba sia determinato anche da un verbo vicino appartenente alla stessa frase. Così nel detto dell'Apostolo: Riguardo a queste cose vi predico, come già vi ho predetto, che chi fa ciò non possederà il regno di Dio 10. Se avesse soltanto: Riguardo a queste cose vi predico ma non avesse aggiunto: come già vi ho predetto, soltanto col ricorso al codice scritto nella lingua anteriore si sarebbe potuto conoscere se nella parola predico la sillaba di mezzo era da pronunziarsi lunga o breve. Invece è evidente che occorre pronunziarla lunga poiché egli non aggiunge: Come vi ho predicato, ma: Come vi ho predetto.

Esempi di come risolvere frasi ambigue.

4. 8. Allo stesso modo vanno considerate non solo le

ambiguità di questo genere ma anche quelle che non riguardano la punteggiatura o la pronuncia. Tale è quella di 1 Tessalonicesi: Per questo ci siamo consolati, o fratelli, in voi 11. È dubbio se si debba leggere: " o fratelli ", ovvero: " i fratelli ". Nessuna delle due lezioni è contraria alla fede; ma la lingua greca non ha identici questi due casi, per cui, stando al greco, si reclama il vocativo, cioè: " o fratelli ". Che se il traduttore avesse voluto mettere: Per questo abbiamo avuto consolazione in voi, o fratelli, sarebbe stato più libero riguardo alla parola ma avrebbe fatto venir meno dubbi sul senso della frase. Così se avesse aggiunto un " nostri ". Nessuno dubiterebbe trattarsi di caso vocativo ascoltando la frase: Per questo ci siamo consolati, o nostri fratelli, in voi. Ma è pericoloso permettere licenze come questa. Lo stesso è accaduto nella 1 Corinzi, dove l'Apostolo dice:Ogni giorno muoio per la vostra gloria, fratelli, che ho in Cristo Gesù 12. Dice infatti un traduttore: Ogni giorno muoio - lo giuro - per la vostra gloria, in quanto la parola indicante giuramento [νή] è palese né presenta ambiguità. Concludendo: molto raramente e difficilmente si trovano nei libri delle divine Scritture delle ambiguità di parole prese in senso proprio che non si risolvano mediante il contesto del discorso - dal quale si chiarisce l'intenzione dello scrittore - o mediante il confronto con altri traduttori o controllando il passo nella lingua antecedente.

È grande schiavitù dello spirito fermarsi ai segni invece di cercare le cose significate.

5. 9. Viceversa le ambiguità in fatto di parole traslate, di cui dobbiamo parlare d'ora in poi, postulano una cura e diligenza non ordinarie. E prima di tutto occorre stare attenti per non prendere alla lettera un'espressione figurata. A questo infatti dice riferimento il detto dell'Apostolo: La lettera uccide, lo spirito dà vita 13. In realtà, se quanto detto figuratamente lo si prende come detto in senso proprio, si è uomini dai gusti carnali. E nulla merita di più il nome di morte dell'anima che non l'essere schiavi della lettera e così assoggettare alla carne l'intelligenza, vale a dire ciò per cui si è superiori alle bestie. Chi infatti segue la lettera prende la parola traslata in senso proprio, e non è capace di riferire il significato di un termine proprio ad un altro significato. Se, ad esempio, sente parlare di" sabato ", non comprende se non uno dei giorni della settimana che nel loro corso si ripetono continuamente. Se ode " sacrificio ", con il pensiero non va oltre a quello che suol farsi con l'immolazione di animali o l'offerta di frutti della terra. Finalmente è una grande schiavitù dello spirito, che immiserisce l'uomo, prendere i segni in luogo delle cose e non poter elevare gli occhi della mente al di sopra delle creature corporee per attingere la luce eterna.

La lettera uccide, lo Spirito dà vita. Espressioni figurate.

6. 10. Nel popolo giudaico questa schiavitù era ben differente da quella che costumava presso le altre nazioni. Sebbene fossero asserviti alle cose temporali, da queste tuttavia essi sapevano trarre la nozione dell'unico Dio. E sebbene osservassero quel che era solamente simbolo delle realtà spirituali al posto delle realtà in se stesse non sapendo a che cosa si riferissero tali simboli, tuttavia questo avevano ben fisso nella mente: con il loro servizio piacere all'unico Dio di tutti, anche se essi non lo vedevano. Di queste cose scrive l'Apostolo 14che erano come una prigione per dei piccoli ancora sotto il pedagogo. Ne conseguì che, aderendo con pertinacia a questi segni, quando venne il tempo della rivelazione non poterono tollerare il nostro Signore 15, che non calcolava le loro pratiche. I loro principi inventarono calunnie, poiché egli non osservava il sabato 16, e il popolo, legato a quei segni quasi fossero il significato oggettivo delle cose, non credeva che egli fosse Dio o fosse venuto da Dio, dal momento che si rifiutava di prestare attenzione a quelle cose come venivano praticate dai giudei. Ma quei giudei che abbracciarono la fede e che formarono la primitiva Chiesa di Gerusalemme mostrarono a sufficienza quanti vantaggi si potessero ricavare dall'essere incarcerati in tal modo sotto il pedagogo. I segni imposti temporaneamente a chi era schiavo [della

legge] valsero a sollevare il pensiero di quei che la osservavano al culto dell'unico Dio, creatore del cielo e della terra. Difatti nelle stesse promesse e nei segni temporali e carnali, sebbene non sapessero che li si doveva intendere in senso spirituale, tuttavia avevano imparato da essi a venerare l'unico eterno Dio. Orbene, quei credenti che erano molto vicini all'ordine spirituale si trovarono così ben disposti a ricevere lo Spirito Santo che vendevano tutto quello che avevano, ne ponevano il ricavato ai piedi degli Apostoli perché fosse distribuito ai poveri 17 e consacravano totalmente se stessi a Dio a guisa di nuovo tempio, pur essendo ancora asserviti alla sua immagine terrestre, cioè al vecchio tempio.

6. 11. Non è infatti scritto che ciò abbia fatto una qualsiasi altra chiesa del paganesimo, in quanto coloro che avevano per dèi i simulacri fatti da mano d'uomo non si erano trovati altrettanto vicini alla divinità.

Le genti schiave di segni vani.

7. 11. E se talvolta alcuni di loro si sforzavano di intendere come segni quei simulacri, li riferivano al culto e alla venerazione di creature. Per esempio, cosa mi giova il simulacro di Nettuno se non lo ritengo come dio ma penso che con esso si indica l'universalità dei mari o anche tutte le altre acque che scaturiscono dalle fonti? In tal modo infatti è descritto

da uno dei loro poeti, il quale, se ben ricordo, dice così: Tu, padre Nettuno, le cui tempie canute risuonano circondate dal mare fragoroso, a cui il grande oceano scorre costantemente sulla barba e i fiumi vagano lungo i capelli 18. Queste sono ghiande che racchiuse in dolce guscio son capaci di far rumore urtando nei sassolini, ma non sono cibo per uomini bensì per maiali. Ciò che voglio dire lo comprende chi conosce il Vangelo 19. Cosa mi giova infatti che il simulacro di Nettuno abbia un tal significato non in quanto mi dissuade dal venerare ambedue le cose? Per me infatti non è Dio né una qualsiasi statua né l'universalità dei mari. Ammetto tuttavia che sono sprofondati più giù coloro che reputano dèi le opere degli uomini che non coloro che reputano tali le opere di Dio. Ma a noi si comanda di amare e venerare l'unico Dio 20, che ha creato tutte le cose delle quali essi venerano i simulacri ritenendoli o dèi o segni e immagini di divinità. Se dunque prendere un segno istituito inutilmente invece della cosa stessa per significare la quale era stato istituito è un asservimento carnale, quanto non lo è più prendere per le cose in se stesse i segni istituiti per significare cose inutili? Che se li riferisci alle cose stesse che con tali segni vengono rappresentate e inclinerai lo spirito ad onorarli, non per questo ti esenterai da ogni peso e velo di servitù carnale.

Libertà cristiana e schiavitù dei Giudei e dei pagani.

8. 12. La libertà cristiana trovò alcuni assoggettati a segni utili e, per così dire, a sé vicini. A costoro interpretò loro quei segni a cui stavano assoggettati ed elevandoli alle realtà di cui le cose precedenti erano segni, li portò alla libertà. Da loro furono formate le Chiese dei santi Israeliti. Quanto invece a quelli che trovò assoggettati a segni inutili, ridusse al nulla non solo la condizione servile con cui erano stati sotto tali segni ma anche gli stessi segni e tutto spazzò via: sicché le genti si convertirono dalla depravazione consistente nella moltitudine di falsi dèi - cosa che spesso e appropriatamente la Scrittura chiama fornicazione - al culto di un solo Dio. D'ora in poi esse non sarebbero state asservite nemmeno ai segni utili ma avrebbero piuttosto esercitato il loro animo a comprenderli spiritualmente.

Prerogativa ed efficacia dei segni del Cristianesimo.

9. 13. È asservito al segno chi compie, o venera, una qualche cosa che ha valore di segno senza sapere cosa signifchi. Chi al contrario compie, o venera, un segno utile istituito da Dio e ne comprende la forza significativa, non venera ciò che si vede e passa ma piuttosto ciò a cui tutti i segni di questo genere debbono essere riferiti. Orbene, un tal uomo è

spirituale e libero, anche all'epoca della schiavitù, quando quei segni non dovevano essere ancora rivelati ad animi carnali, che bisognava fossero domati dal loro giogo. Uomini spirituali di questa sorta erano i Patriarchi e i Profeti e tutti quegli Israeliti ad opera dei quali lo Spirito Santo ci ha fornito il sussidio e la consolazione della Scrittura. Quanto poi al tempo presente, dopo che la risurrezione del nostro Signore ci ha fatto risplendere in modo quanto mai palese il suggello della nostra libertà, non siamo più appesantiti dal compito gravoso di portare quegli [antichi] segni che ora comprendiamo. In luogo dei molti, lo stesso Signore e la dottrina degli Apostoli ce ne ha dati alcuni pochi, che sono facilissimi a farsi, venerabilissimi a comprendersi, santissimi a osservarsi. Tali sono il sacramento del Battesimo e la celebrazione del Corpo e del Sangue del Signore. Quando uno li riceve, essendo stato istruito, sa a che cosa si riferiscano e li venera non con asservimento carnale ma con libertà spirituale. Ma come seguire la lettera e prendere i segni invece delle cose da loro significate indica debolezza servile, così interpretare i segni in maniera inutile indica l'errore di una mente che vaga nelle vie del male. Chi poi non comprende il significato di un segno ma si rende conto che si tratta di un segno, nemmeno costui è soggetto a schiavitù. È meglio tuttavia essere sotto il giogo di segni sconosciuti ma utili anziché interpretarli in maniera insulsa cacciando nel laccio dell'errore la testa ormai liberata dal giogo della schiavitù.

Accertarsi se una locuzione è propria o figurata.

10. 14. A questa norma per la quale badiamo a non prendere come propria una locuzione figurata, cioè traslata, occorre aggiungere anche l'altra, cioè a non prendere come figurata una locuzione propria. Occorre dunque presentare prima il modo di trovare se una locuzione è propria o figurata. E il modo è precisamente questo: nella parola di Dio tutto ciò che, se preso propriamente non si può riferire all'onestà della condotta e alla verità della fede, lo devi ritenere come figurato. Nell'onestà della condotta rientra l'amore di Dio e del prossimo, nella verità della fede la conoscenza di Dio e del prossimo. Quanto alla speranza, ciascuno ha nella propria coscienza il sentimento di come e quanto abbia progredito nell'amore e nella cognizione di Dio e del prossimo. Ma di tutto questo si è parlato nel libro primo.

Autorità dell'insegnamento scritturale e valutazioni umane.

10. 15. Siccome però l'uomo inclina a valutare i peccati non dai momenti della passione ma piuttosto dall'abitudine, accade spesso che ogni uomo giudica degno di condanna soltanto ciò che gli uomini della sua patria e del suo tempo son soliti disapprovare e

condannare e degno di approvazione e di lode ciò che
tollera la consuetudine di coloro in mezzo ai quali
vive. Ne segue che, se la Scrittura o comanda ciò che
è in contrasto con la consuetudine di queste persone o
disapprova ciò che non lo è, qualora l'animo degli
uditori è stato preso e avvinto dall'autorità della
parola, essi riterranno trattarsi di una locuzione
figurata. Ebbene, la Scrittura non comanda altro che
la carità né dichiara colpevole altro che la cupidigia, e
in tal modo forma i costumi degli uomini. Parimenti,
se una opinione erronea si è stabilita nell'animo di
qualcuno, egli riterrà figurato tutto ciò che la Scrittura
asserisce essere di significato diverso. Ma la Scrittura
non afferma se non ciò che risponde alla fede
cattolica e quanto al passato e quanto al futuro e
quanto al presente. Essa infatti è un racconto del
passato, un preannunzio del futuro e una descrizione
del presente; ma tutto questo è ordinato a nutrire e
corroborare la stessa carità e a superare ed estinguere
la cupidigia.

Carità e cupidigia.

10. 16. Chiamo carità il moto dell'animo che porta a
godere di Dio per se stesso e di sé e del prossimo per
amore di Dio. Chiamo invece cupidigia il moto
dell'animo che porta a godere di sé, del prossimo e di
qualsiasi oggetto non per amore di Dio. Ciò che la
cupidigia non soggiogata fa compiere per corrompere
l'anima e il corpo si chiama licenziosità; ciò che fa

compiere per danneggiare gli altri si chiama delitto. Queste sono le specie di tutti i peccati, ma le licenziosità precedono l'altra specie. Quando la licenziosità ha svuotato l'animo e l'ha ridotto alla miseria - chiamiamola così - si passa al delitto, mediante il quale si eliminano gli ostacoli della licenziosità o le si cercano i supporti. Così è della carità. Quanto uno fa per giovare a se stesso si chiama utilità; quanto fa per giovare al prossimo si chiama benevolenza. Anche qui precede l'utilità, perché nessuno può giovare all'altro mediante ciò che non ha. Comunque, quanto più si abbatte del regno della cupidigia, tanto più si estende il regno della carità.

Interpretazione di passi o frasi dure poste in bocca a Dio.

11. 17. Ebbene, quando nelle Sacre Scritture si legge qualcosa di duro e, per così dire, di crudele e lo si attribuisce a Dio o ai suoi servi, ciò è diretto a distruggere il regno della cupidigia. E se la cosa appare palesemente, non ci si deve riferire ad altro quasi che la cosa sia detta a scopo figurativo. Tale è il testo dell'Apostolo: Tu accumuli su di te l'ira [di Dio] per il giorno dell'ira e della manifestazione del giusto giudizio di Dio, il quale renderà a ciascuno secondo le sue opere: a coloro che mediante la perseveranza nelle opere buone cercano la gloria, l'onore e l'incorruttibilità [renderà] la vita eterna; viceversa per coloro che sono litigiosi e non credono

alla verità ma all'iniquità ci saranno ira e sdegno. Tribolazione ed angoscia per ogni uomo che opera il male, prima per il Giudeo e poi per il Greco 21. Questo vale per coloro che, non avendo voluto vincere la cupidigia, questa viene distrutta insieme con loro. Al contrario, per l'uomo su cui la cupidigia un tempo dominava ma il suo regno è stato poi demolito, vale quella chiara espressione: Coloro poi che sono di Gesù Cristo han crocifisso la propria carne con le sue passioni e concupiscenze 22. Certo, anche in questi testi alcune parole sono usate in senso traslato, per esempio: " ira di Dio " e " hanno crocifisso ", ma non sono molte né sono poste in modo da rendere oscuro il senso, costituendo o un'allegoria o un enigma, che a mio parere sono da chiamarsi espressioni strettamente figurate. Osserviamo ora le parole di Geremia: Ecco, oggi ti costituisco al di sopra dei popoli e dei regni, perché tu sradichi e distrugga, e disperda e annienti 23. Non c'è dubbio che tutta la frase sia figurata e quindi da riferirsi al fine di cui abbiamo parlato.

Interpretazione di comportamenti meno onesti del V. T..

12. 18. Ci sono nella Scrittura delle cose, detti o fatti che siano, che agli impreparati sembrano quasi delle scostumatezze, eppure le si attribuiscono a Dio o a degli uomini di cui ci si elogia la santità. Sono tutte cose figurate, e il loro senso occulto deve essere

sviscerato in modo che possa nutrire la carità. In effetti, chi usa delle cose transeunti con più ristrettezza di quanto non le usino coloro in mezzo ai quali vive o è un asceta o è un superstizioso; chi invece le usa in modo da oltrepassare i limiti soliti a rispettarsi dalla gente perbene in mezzo a cui si trova o sottintende un qualche significato occulto o si tratta di una persona svergognata. In tutti questi casi è in colpa non l'uso delle cose ma la passione di colui che le usa. Così nessun uomo assennato potrà credere che i piedi del Signore furono bagnati da quella donna con unguento prezioso 24 come lo sogliono i piedi dei lussuriosi e dei depravati, di cui detestiamo i banchetti. Difatti il buon odore rappresenta la buona fama, che ciascuno consegue con le opere della vita buona mentre è incamminato sulle orme di Cristo e ne cosparge i piedi con odore preziosissimo. In questo modo ciò che negli altri uomini spesso è licenziosità, nella persona divina o profetica è segno di una realtà sublime. Così una cosa sono i rapporti con una prostituta nelle persone scostumate, un'altra nel vaticinio del profeta Osea 25. E se nei banchetti degli ubriaconi e dei depravati ci si mette scostumatamente a corpo nudo, non per questo è scostumatezza denudarsi nel fare il bagno.

Nel giudizio badare ai luoghi, ai tempi e alle persone.

12. 19. Occorre pertanto badare diligentemente a ciò

che convenga ai diversi luoghi, tempi e persone, per non accusare nessuno di scostumatezza a cuor leggero. Può infatti accadere che un sapiente si nutra di cibo assai prelibato senza alcun vizio di golosità o di voracità, mentre uno stolto desideri un cibo spregevole con una bruttissima fiamma di ingordigia. Così ogni persona sana di mente preferirebbe nutrirsi di pesce, come fece il Signore 26, piuttosto che di lenticchie, come fece Esaù, nipote di Abramo 27, o di orzo come fanno gli animali. Non sono infatti più continenti di noi le bestie per il fatto che si nutrono di cibi più ordinari. In tutte queste cose infatti ciò che facciamo non è da approvarsi o disapprovarsi a seconda della natura delle cose che usiamo ma del motivo per cui le usiamo e del modo come le desideriamo.

Legge morale e comportamenti licenziosi dei Patriarchi.

12. 20. Mediante il regno terreno gli antichi giusti immaginavano il regno celeste e lo preannunziavano. Per provvedere un numero sufficiente di figli 28 non era riprovevole per un uomo la licenza di avere contemporaneamente più mogli 29, ma non per questo era onesto per una donna avere parecchi mariti. In tal modo infatti una donna non diventa più feconda, ma voler procurarsi o denaro o figli dal primo arrivato è piuttosto una turpitudine da prostituta. Ciò che in simili costumanze facevano

senza cedere alla libidine i santi di quei tempi la Scrittura non lo dichiara colpevole, sebbene facessero quelle cose che al nostro tempo non possono farsi se non per libidine. E ciò che nella Scrittura si narra di questo genere è da interpretarsi non solo storicamente e in senso proprio ma anche figuratamente e profeticamente elevandolo fino a quel limite che è la carità o verso Dio o verso il prossimo o verso tutti e due insieme. Osserviamo i Romani. Per gli antichi era scostumatezza indossare tuniche lunghe fino ai calcagni e fornite di maniche, adesso invece presso i benestanti non indossarle quando si è raggiunta l'età di portarle è scostumatezza. La stessa cosa si deve notare nell'uso delle altre cose: deve cioè tenersi lontana la ricerca del piacere, che non solo fa cattivo uso delle consuetudini di coloro in mezzo ai quali la persona vive ma anche, oltrepassandone i limiti, manifesta con turpissima esplosione tutta la sconcezza che si celava dentro le barriere di costumi pubblicamente recepiti.

Osservazione integrativa.

13. 21. Per quanto invece è conforme alle consuetudini di coloro fra i quali si deve vivere e viene imposto dalla necessità o viene accettato per ufficio, dagli uomini buoni e superiori agli altri lo si deve riferire o all'utilità o alla beneficenza, e lo si deve prendere o in senso proprio (come siamo obbligati noi) o anche in senso figurato (come è lecito

fare ai Profeti).

Norme di giustizia e costumanze dei popoli.

14. 22. Quando s'imbattono nella lettura di questi fatti persone che sono all'oscuro delle consuetudini altrui, li reputano scostumatezze, a meno che non siano corretti da una qualche autorità. Né riescono a persuadersi che tutto il loro comportamento in fatto di matrimoni, di banchetti, di modi di vestirsi e ogni altra usanza di vivere e acconciarsi potrebbe sembrare indecoroso ad altre genti o in altre epoche. Mossi dalle innumerevoli e varie consuetudini, alcuni, per così dire, semiaddormentati - in quanto non erano immersi nel sonno profondo della stoltezza ma nemmeno erano svegli alla luce della sapienza - ritennero non darsi giustizia di per se stessa ma ogni popolo sarebbe autorizzato a considerare giuste le sue costumanze. Ora siccome queste costumanze sono diverse nei diversi popoli mentre la giustizia deve rimanere immutabile, diverrebbe ovvio che la giustizia non si trovi in nessuna parte. Per non ricordare altro, non compresero che il detto: Non fare agli altri quel che non vuoi sia fatto a te 30, non può in alcun modo variare secondo le diverse accezioni invalse nel mondo pagano. Quando questo motto lo si riferisce all'amore di Dio, scompaiono tutti i libertinaggi; quando lo si riferisce all'amore del prossimo, tutti i delitti. Nessuno infatti vuole che sia demolita la propria abitazione; per cui non deve

guastare nemmeno l'abitazione di Dio, cioè se stesso. E nessuno vuole essere danneggiato da qualsiasi altro; per cui egli stesso non deve danneggiare alcuno.

Nessun linguaggio figurato là dove s'inculca la carità.

15. 23. In tal modo, distrutto il potere tirannico della cupidigia, regna la carità con le leggi giustissime dell'amore di Dio per se stesso e dell'amore del prossimo in vista di Dio. Nelle locuzioni figurate pertanto si osserverà questa norma: quanto si legge deve essere considerato diligentemente e lungamente, fino a quando cioè l'interpretazione non raggiunga i confini del regno della carità. Se un tal regno risuona già nel linguaggio proprio, non si supponga alcun senso figurato.

Si prendano in senso figurativo i precetti inconciliabili con la carità.

16. 24. La locuzione che in termini precettivi proibisce il libertinaggio o il delitto o comanda un atto utile o benefico non è figurata. È invece figurata quando sembra comandare la scostumatezza o il delitto o proibire un atto utile o benefico. Dice: Se non mangerete la carne del Figlio dell'uomo e non ne berrete il sangue, non avrete in voi la vita 31. Sembrerebbe comandare una cosa delittuosa e ributtante. In realtà invece è un parlare figurato con

cui ci si prescrive di comunicare alla passione del Signore e di celare nella memoria con dolcezza e utilità il fatto che la sua carne è stata crocifissa e piagata per noi. Dice la Scrittura: Se il tuo nemico ha fame, dàgli da mangiare; se ha sete, dàgli da bere. Qui senza alcun dubbio ci si comandano le opere di misericordia; ma in quel che segue: Ciò facendo ammasserai carboni ardenti sul suo capo 32, lo si potrebbe prendere come un tratto di ostilità che venga comandato. Non dubitare pertanto che ciò è detto in senso figurato e che si può interpretare in due modi: primo modo, in senso di non recar danno; secondo modo, concedere un beneficio. Quanto a te, la carità ti induca a interpretarlo nel senso di beneficio, intendendo per carboni ardenti e infuocati i gemiti della penitenza con cui si guarisce la superbia di colui che si dispiace di essere stato nemico di un uomo dal quale gli si viene incontro nel suo stato di miseria. Lo stesso è del detto del Signore: Chi ama la propria anima la perde 33. Non lo si deve ritenere un divieto contro il dovere che ciascuno ha di conservare la propria vita ma una locuzione figurata. La perda vuol dire: la uccida smettendo l'uso che ne fa al presente, uso cattivo e disordinato che la fa inclinare alle cose temporali impedendole di cercare i beni eterni. Sta scritto: Da' a chi è misericordioso e non accogliere il peccatore 34. La seconda parte della frase sembrerebbe proibire la misericordia; dice infatti: Non accogliere il peccatore. Intendila dunque in senso figurato quasi che peccatore sia stato detto in luogo di " peccato "; quindi è il suo peccato che non devi accogliere.

Distingui i precetti generali e le norme personali.

17. 25. Accade frequentemente che uno il quale si trova o crede di trovarsi in un grado superiore di vita spirituale ritenga detti in senso figurato quei comandi che si dànno per i gradi inferiori. Per esempio, se uno ha abbracciato il celibato e si è reso eunuco per il regno dei cieli 35, farà di tutto per ritenere che si debba prendere non in senso proprio ma traslato quanto i sacri libri prescrivono circa l'amore per la moglie e l'indirizzo della vita coniugale. E se uno ha deciso di non maritare la sua vergine 36 tenterà di interpretare come figurata l'espressione dove si dice: Marita la tua figlia e avrai portato a compimento una grande impresa 37. Tra le annotazioni per comprendere le Scritture ci sarà pertanto anche questa: sapere che alcune cose sono comandate a tutti indistintamente mentre altre soltanto ad alcune categorie di persone, per cui il rimedio ivi suggerito non si adegua esclusivamente allo stato di salute di tutti ma anche alla debolezza propria di ciascun membro. In realtà colui che non può essere elevato a un grado superiore bisogna curarlo nella condizione in cui si trova.

Ad epoche diverse precetti e concessioni diverse.

18. 26. Occorre inoltre guardarsi dal pensare che si possa trasferire al tempo attuale, per usarlo come regola di vita, ciò che è contenuto nelle Scritture del Vecchio Testamento e che, preso non solo in senso figurato ma anche proprio, per le condizioni di quei tempi non era né una scostumatezza né un delitto. A fare tali applicazioni non spinge altri se non la cupidigia da cui si è dominati, la quale cerca un puntello anche dalle Scritture, sebbene queste siano state date per toglierla di mezzo. Chi così si comporta è un pover'uomo e non comprende che quei fatti sono stati descritti perché rechino vantaggio agli uomini animati da buona speranza: essi vi possono vedere a loro salvezza che la consuetudine che disapprovano può avere un uso buono, mentre se essi stessi volessero adottarla potrebbe essere meritevole di condanna. Questo avviene se, in chi si regola così, si riscontra in un caso la carità, mentre nell'altro la cupidigia.

Si chiarisce come mai la poligamia invalse tra gli Ebrei.

18. 27. In effetti, come un uomo, in date circostanze di tempo, può usare castamente di parecchie mogli, così uno può usare libidinosamente di una sola. E io approvo chi, in vista di un altro fine, usa della fecondità di molte donne più che non chi gode

avidamente del corpo di una sola, cercato per se stesso. Difatti là si cercava una utilità corrispondente alle condizioni di quei tempi, qui si sazia la voglia sregolata insita nei piaceri della vita presente. Si sa che l'Apostolo per condiscendenza concede a certuni il rapporto carnale con una sola donna a causa della loro incontinenza 38. Ora, questi presso Dio sono in un grado inferiore rispetto a coloro che, pur avendone ciascuno diverse, nel loro rapporto carnale altro non cercavano se non la procreazione dei figli. Erano come il sapiente che nel cibo e nella bevanda non cerca altro se non la salute del corpo. Se pertanto si fossero trovati a vivere dopo la venuta del Signore, quando non è più tempo di scagliare ma di raccogliere le pietre 39, essi immediatamente si sarebbero evirati per il regno dei cieli. In effetti non si prova difficoltà nella privazione se non quando nel possesso c'è la cupidigia; e quegli uomini sapevano che anche per le loro spose era lussuria usare con intemperanza dei rapporti carnali. Ne fa fede la preghiera di Tobia nell'unirsi a sua moglie. Diceva infatti: Sii benedetto, o Signore Dio dei nostri padri, e benedetto il tuo nome nei secoli dei secoli! Ti benedicano i cieli e ogni tua creatura! Tu creasti Adamo e gli desti come compagna Eva. Ebbene tu, Signore, sai che non mi unisco a questa sorella mosso da lussuria ma da fedeltà a te, perché tu, Signore, abbia misericordia di noi 40.

Gli scostumati ritengono impossibile la continenza.

19. 28. Qui si fanno avanti uomini sfrenati nella libidine che, volendo diguazzare [dietro le loro passioni], vagolano di stupro in stupro o che, con la stessa loro moglie, non solo non rispettano il modo normale della procreazione dei figli ma, con licenziosità quanto mai spudorata, quasi in preda al libertinaggio in uso fra gli schiavi, accumulano sozzure di una intemperanza indegna dell'uomo. Costoro non credono alla verità che gli uomini dell'antico Patto abbiano potuto unirsi temperantemente a più donne, non cercando nel rapporto con loro altro che il dovere di procreare figli che si confaceva a quel tempo. Ciò che essi, avvinti dai legami della libidine, non riescono a fare con l'unica loro moglie, in nessun modo ritengono essere possibile farsi con molte.

Se condizionate, sono giuste le lodi date ai Patriarchi.

19. 29. Uomini come questi possono dire che non è il caso di onorare o lodare quegli antichi santi e giusti in quanto loro stessi, se vengono onorati e lodati, si gonfiano di superbia e appetiscono tanto più avidamente la vanagloria quanto più li esalta di frequente e con facilità una qualche lingua abile a lusingare. Di fronte a una tal lingua diventano così fatui che ogni vento di fama che ritengano o

favorevole o contrario, li trascina nei gorghi della scostumatezza o li sbatacchia contro gli scogli dei vari delitti. Debbono pertanto considerare quanto sia loro arduo e difficile non lasciarsi prendere all'esca della lode e non farsi penetrare dagli spunzoni delle ingiurie. E che non misurino gli altri in rapporto a se stessi!

Gli Apostoli e i Patriarchi: loro autocontrollo.

20. 29. Credano piuttosto che i nostri Apostoli non si inorgoglirono quando erano ammirati dalla gente e non si abbatterono quando ne erano disprezzati. A loro infatti non mancò né l'una né l'altra delle tentazioni, in quanto erano esaltati dagli elogi dei credenti e infamati dalle ingiurie dei persecutori. Come dunque costoro, secondo le circostanze, ponevano al loro servizio tutte quelle situazioni e non si lasciavano fuorviare, così gli antichi patriarchi, riferendosi nell'uso delle donne a quel che era conveniente al loro tempo, non soggiacevano a quella tirannia della libidine, di cui sono schiavi coloro che non credono a queste cose.

Gli scostumati non sanno cosa sia controllarsi.

20. 30. Costoro pertanto non si sarebbero in alcun modo frenati dal nutrire un'implacabile odio per i figli se avessero risaputo che da questi erano state tentate o corrotte le loro mogli o concubine, se per caso una

cosa di questo genere fosse accaduta.

Davide piange la morte di Assalonne, figlio ribelle.

21. 30. In maniera opposta si comportò il re Davide. Avendo subìto un affronto di questo genere dal suo figlio empio e crudele, non solo sopportò la sua tracotanza ma ne pianse anche la morte 41. In realtà egli non era irretito da gelosia carnale, e lo amareggiavano non le offese contro se stesso ma i peccati del figlio. Per questo comandò che se fosse stato vinto non lo si uccidesse, per dare allo sconfitto la possibilità di pentirsi; e, siccome questo non gli riuscì, nella sua morte non pianse la scomparsa del figlio ma perché sapeva in quali pene veniva trascinata un'anima così empiamente adultera e parricida. Tant'è vero che antecedentemente, quando gli morì un altro figlio che era innocente, si rallegrò, mentre si era afflitto per la sua malattia 42.

Riflessione sui peccati di Davide e di Salomone.

21. 31. Dal seguente episodio appare in modo assai evidente come quegli uomini antichi usassero delle loro donne con moderazione e temperanza. Il medesimo re si lasciò travolgere dalla passione per una donna, sospinto dall'ardore dell'età e dalla prosperità negli affari temporali, e comandò anche che suo marito fosse ucciso. Fu accusato da un profeta, che venne da lui per convincerlo del suo

peccato. Gli propose la parabola del povero che possedeva una sola pecora. Un suo vicino ne aveva molte ma, al sopraggiungere di un ospite, gli imbandì la mensa con l'unica pecora del vicino povero piuttosto che con una delle sue. Davide, indignato contro di lui, decretò che venisse ucciso e che al povero fossero rese quattro pecore. Inconsapevolmente condannava se stesso, che aveva consapevolmente peccato 43. Quando la cosa gli fu fatta palese e gli fu predetta la punizione divina, con la penitenza lavò la colpa. Nota tuttavia come in questa similitudine della pecora del vicino povero si faccia menzione solo della violenza contro la donna, mentre Davide non è redarguito, nella similitudine, dell'uccisione del marito della donna: cioè di quel povero che aveva una sola pecora non si dice che fu ucciso. In tal modo la sentenza di condanna uscita dalla bocca di Davide riguarda solamente l'adulterio. Da ciò si comprende quale temperanza usasse verso le sue diverse mogli, se da se stesso si sentì costretto a punirsi per la trasgressione commessa con quella sola. E poi in quest'uomo la libidine incontrollata non ci rimase a lungo ma lo attraversò solo temporaneamente, tant'è vero che sulla bocca del Profeta, che lo rimproverava, quella passione disordinata fu designata col nome di " ospite ". Non disse infatti che con la pecora del vicino povero preparò un pranzo al suo re ma a un suo ospite. Diversamente andarono le cose nel suo figlio

Salomone, nel quale la passione non fu un ospite solo di passaggio ma vi stabilì il suo regno: cosa che la Scrittura non tace nei suoi riguardi ma lo accusa di essere stato un compiacente amatore di donne 44. Agli inizi era stato tutto infiammato d'amore per la sapienza 45, ma, come l'aveva acquistata mediante un amore spirituale, così la perse a causa dell'amore carnale.

Al cristiano non converrebbe il comportamento lecito nel V. T.

22. 32. Tutti o quasi tutti gli atti che sono contenuti nei libri del Vecchio Testamento sono, in conclusione, da prendersi talvolta in senso proprio qualche altra volta anche in senso figurato. Se però il lettore li prende in senso proprio e quelli che compirono certe azioni risultano lodati, mentre i loro atti sono inconciliabili col comportamento dei buoni che osservano i comandamenti di Dio nel tempo che segue la venuta del Signore, in tal caso il lettore ricorra al senso figurato per capire l'insegnamento del fatto ma non imiti nella condotta il fatto in se stesso. In effetti molte di quelle cose che in quei tempi furono compiute per dovere ora non le si potrebbe ripetere se non per passione.

Evitare le tempeste morali, compiangere i naufraghi.

23. 33. Se gli succede di leggere, a proposito di uomini eminenti, che hanno commesso peccati, potrà, è vero, intendere e ricercare in essi una qualche figura di cose avvenire. Potrà però anche ritenere il senso proprio del fatto avvenuto, e se ne servirà a quest'uso: per non vantarsi mai delle sue azioni oneste e non disprezzare gli altri come peccatori in base alla propria giustizia, mentre osserva in uomini così insigni e le tempeste che deve evitare e i naufragi che deve compiangere. I peccati di questi uomini infatti ci sono stati tramandati affinché a tutti incuta spavento quella espressione dell'Apostolo, là dove dice: Per questo motivo chi crede di stare in piedi badi a non cadere 46. In realtà nei libri santi non c'è quasi pagina in cui non ci si senta dire che Dio resiste ai superbi mentre agli umili dona la grazia 47.

Richiamo a una lettura intelligente del testo sacro.

24. 34. In primo luogo dunque dobbiamo ricercare se l'espressione che tentiamo di capire sia propria o figurata. Scoperto che è figurata, ricorrendo alle norme che abbiamo trattate nel primo libro, sarà facile disaminarla sotto tutti gli aspetti finché non si arrivi all'interpretazione vera, specie se vi si aggiunge l'uso corroborato dalla pratica della pietà. Se sia una espressione propria o figurata lo troveremo

ricordando i princìpi esposti già sopra.

25. 34. Appurato questo, si troverà che le parole in cui è racchiuso il pensiero sono state prese o da cose simili o aventi con esse una qualche affinità.

Identico il segno, duplice il significato.

25. 35. Ma poiché, come è noto, certe cose sono simili ad altre sotto aspetti diversi, non dobbiamo credere in maniera assoluta che quando una cosa, avente valore di similitudine, significa alcunché in un dato passo, essa debba significare sempre e dovunque la stessa cosa. Così, ad esempio, il Signore usò la parola " lievito " in senso di disapprovazione quando disse: Guardatevi dal lievito dei farisei 48, mentre la usò in senso di lode quando disse: Il Regno dei cieli è simile a una donna che nasconde il lievito in tre misure di farina finché il tutto non sia fermentato 49.

Esempi della legge di cui al paragrafo precedente.

25. 36. Orbene, osservando questa varietà si nota che essa si riduce a due forme. Ogni cosa infatti significa un oggetto o un altro con un significato che può essere o contrario o soltanto diverso. Ha significato contrario quando la stessa cosa in forza della similitudine la si prende ora in senso buono ora in senso cattivo, come si diceva sopra a proposito del lievito. Lo stesso è della parola " leone ". Essa

significa Cristo là dove si dice: Ha vinto il leone della tribù di Giuda 50, mentre significa il diavolo là dove è scritto: Il vostro avversario, il diavolo, come leone ruggente vi gira intorno cercando chi divorare 51. Così del serpente si parla in senso buono nella frase: Prudenti come i serpenti 52, in senso cattivo nella frase: Il serpente sedusse Eva con la sua astuzia 53. Così del pane. In senso buono là dove è detto: Io sono il pane vivo disceso dal cielo 54, in senso cattivo nell'altra frase: Mangiate volentieri pani occulti 55. Così di moltissime altre parole. Le frasi che ho ricordate non contengono dubbi nel loro significato, perché, dovendo recare degli esempi, non potevo ricordare se non cose evidenti. Ce ne sono però alcune che presentano incertezze quanto al senso in cui le si debba prendere. Una è questa: Nella mano del Signore il calice di vino puro è pieno di mescolato 56. È incerto se significhi l'ira di Dio non estesa al castigo estremo, cioè fino alla feccia, o non piuttosto la grazia delle Scritture nell'atto di passare dai Giudei ai Gentili, poiché è detto: Lo inclinò da qui a là, mentre sono rimaste presso i Giudei le osservanze che essi intendono in maniera carnale, poiché la sua feccia non si è esaurita 57. Un esempio di quando le cose non sono prese in senso contrario ma solo diverso è quello dell'acqua, che può significare il popolo, come leggiamo nell'Apocalisse 58, e lo Spirito Santo di cui si dice: Fiumi di acqua viva scorreranno dal suo seno 59. Il termine " acqua " del resto può significare e intendersi in parecchi altri modi, a seconda dei passi dove lo si trova.

Frasi con molteplice significato.

25. 37. Allo stesso modo ci sono altre cose che, non isolatamente ma prese insieme, ciascuna di loro significa non soltanto due realtà diverse ma, a volte, anche parecchie, secondo il posto che occupa nella frase dove la si trova inserita.

Spiegare i detti oscuri in base ai più chiari.

26. 37. Dai luoghi dove sono poste con maggiore chiarezza si deve apprendere come occorra intenderle nei passi oscuri. Ad esempio, di Dio è stato detto: Prendi le armi e lo scudo e sorgi in mio aiuto 60. Ora questa frase non la si può intendere meglio che confrontandola con quel passo dove si legge: Signore, tu ci hai coronati come con lo scudo della tua buona volontà 61. Questo tuttavia non nel senso che, dovunque leggiamo dello scudo posto come difesa, non intendiamo altro se non la buona volontà di Dio. È stato detto infatti anche: Lo scudo della fede col quale possiate - dice - spegnere tutti i dardi infuocati del maligno 62. E ancora, parlando di simili armi spirituali non dobbiamo riferire la fede soltanto allo scudo, mentre altrove si parla anche della corazza della fede. Dice: Rivestiti della corazza

della fede e della carità 63.

Come scegliere il vero senso biblico quando il testo ne consente parecchi.

27. 38. Quando dalle stesse parole della Scrittura non si ricava un senso solo ma due o più, anche se rimane sconosciuto il pensiero dell'autore non c'è alcun pericolo [nell'ammettere l'uno o l'altro di questi sensi] purché si possa dimostrare da altri passi delle stesse Sacre Scritture che ciascuno è conforme alla verità. Tuttavia colui che investiga gli oracoli divini deve sforzarsi di raggiungere l'intenzione dell'autore ad opera del quale lo Spirito Santo ci ha fornito quel brano scritturale. Sia che raggiunga questa intenzione sia che da altre parole ne ricavi un'altra non in contrasto con la retta fede, egli è esente da colpa in quanto ha in suo favore la testimonianza di un altro passo degli oracoli divini, qualunque esso sia. In quelle medesime parole che vogliamo comprendere forse già l'autore stesso vide la nostra interpretazione, o, certamente e senza alcun dubbio, lo Spirito Santo che per mezzo dell'autore ha composto tali passi previde che anche tale interpretazione sarebbe venuta in mente al lettore o all'ascoltatore. Anzi, essendo essa fondata sulla verità, fu lui a disporre che ciò gli capitasse. In effetti, cosa si poteva disporre dalla Provvidenza di più ampio e fecondo negli eloqui divini, che le stesse parole fossero intese in più modi comprovati da altri testi non meno divini?.

Testi affini e argomenti razionali nell'interpretazione della Scrittura.

28. 39. Quando invece si ricava un senso la cui incertezza non può essere eliminata ricorrendo ad altri passi certi delle Sacre Scritture, non rimane altro che renderlo chiaro adducendo motivi razionali, anche se colui del quale cerchiamo di capire le parole non ebbe in mente un tal senso. Questo sistema tuttavia è pericoloso, mentre alla luce delle Scritture si cammina con molta maggiore sicurezza. E quando noi le vogliamo scrutare là dove sono opache per l'uso di parole traslate, bisogna che ne esca una interpretazione che non dia luogo a controversie o, se ne presenta, le si risolva applicando testi della stessa Scrittura dovunque li si trovi.

Tropi, o traslati, presenti nella Scrittura.

29. 40. Chi conosce le lettere sappia che i nostri autori hanno fatto uso di tutti quei modi di espressione che i grammatici con parola greca chiamano tropi; anzi l'hanno fatto più spesso e con maggior ricchezza di quanto non possano pensare o supporre coloro che non conoscono direttamente quei libri e hanno appreso queste cose da altri autori. Coloro che conoscono questi tropi li riscontrano nelle sacre Lettere, e mediante la loro conoscenza vengono aiutati non poco nella comprensione. Ma non è il caso che ci mettiamo qui ad esporli agli indotti per non

dare l'impressione che vogliamo insegnare l'arte della grammatica. Li esorto, ovviamente, ad impararli da altri autori, sebbene una simile esortazione l'abbia già loro rivolta, e precisamente nel secondo libro dove ho trattato della necessità di conoscere le lingue. Difatti le lettere, da cui ha preso nome la stessa grammatica - i Greci infatti chiamano le lettere γράμματα - sono propriamente segni di suoni, che servono ad articolare la voce con la quale parliamo. Di questi tropi nei sacri Libri noi leggiamo non solo gli esempi - e ciò di tutti -, ma di alcuni troviamo anche i nomi come " l'allegoria ", " l'enigma ", " la parabola ". Del resto, quasi tutti i tropi che si dice possano apprendersi con specifica arte liberale si trovano anche nel modo di parlare di coloro che non hanno conosciuto alcun esperto di grammatica ma si contentano del linguaggio in uso fra il popolo. Chi infatti non dice: Possa tu così fiorire? " Tropo " che si chiama metafora. Chi non parla di piscina, anche senza che vi siano i pesci, che anzi non è fatta per i pesci, eppure da pesce prende nome? Tropo che si chiama catacresi.

Esempi di ironia o antifrasi.

29. 41. Si andrebbe troppo per le lunghe a voler esaminare in questa maniera tutti gli altri tropi. In realtà il parlare popolare è arrivato a inventare anche quelli che sono i più strani perché significano cose contrarie a quel che si dice. Tali quelli

chiamati ironia o antifrasi. Nell'ironia si indica con l'accento della voce cosa si voglia intendere. Per esempio, quando a uno che ha agito male diciamo: Gran belle cose stai facendo! All'antifrasi la capacità di significare il contrario non la si dona con la voce di chi pronuncia ma usando certe parole a lei proprie la cui etimologia suona il contrario, come quando al posto di " luce " si dice lucus [= bosco fitto] sapendo che non vi passa la luce, o, sebbene non si parli per contrari, la consuetudine ha abituato a dire così. Ad esempio, se cerchiamo di prendere una cosa là dove non c'è, e ci si risponde: Ce n'è anche troppa! E ancora può aversi quando con l'aggiunta di parole facciamo sì che la frase venga compresa in senso contrario a quello che diciamo, come quando affermiamo: Guàrdatene, perché è un galantuomo! E chi è quell'ignorante che non usa espressioni come queste, anche se non sa affatto cosa siano i tropi o come si chiamano? La loro conoscenza è necessaria per risolvere le ambiguità delle Scritture in quanto il senso, se lo si prende a quel che suonano propriamente le parole, è assurdo e quindi occorre ricercare se per caso quel che non comprendiamo non sia stato detto sulla base di questo o quel tropo. In tal modo molte cose occulte sono state chiarite.

Elenco delle Regole di Ticonio, e loro valutazione globale.

30. 42. Un certo Ticonio, che un tempo era stato

donatista, ha scritto contro i donatisti un'opera veramente irrefutabile, ma, per quel tanto che non ha voluto abbandonare la sètta, nei suoi libri ha lasciato segni di una mente soggetta a profonde assurdità. Egli dunque compose un libro che chiamò Le Regole, per il fatto che vi trattò di sette regole mediante le quali, come con delle chiavi, si potrebbero aprire tutti i segreti delle Scritture divine. Per prima pose quella concernente il Signore e il suo corpo; per seconda, il corpo del Signore nelle sue due sezioni; per terza, le promesse e la Legge; per quarta, il genere e la specie; per quinta, i tempi; per sesta, la ricapitolazione; per settima, il diavolo e il suo corpo. Ora queste regole, considerate come lui le illustra, sono di non piccolo aiuto per penetrare i segreti delle lettere divine; tuttavia con queste regole non si può scoprire tutto ciò che nella Scrittura è contenuto in maniera difficile a comprendersi. Bisogna ricorrere a numerosi altri espedienti che Ticonio non ha incluso nel suo numero di sette, tant'è vero che lui stesso espone numerosi passi oscuri senza ricorrere ad alcuna delle sue regole, anche perché non ce n'è bisogno. Ci sono infatti, nella Scrittura, cose di cui egli non si occupa e non investiga. Nell'Apocalisse di Giovanni, ad esempio, ricerca come si debbano intendere quegli angeli delle sette Chiese ai quali gli si comanda di scrivere e, dopo molti ragionamenti, giunge alla conclusione che per gli stessi angeli dobbiamo intendere le Chiese 64. Orbene in tutta questa amplissima trattazione non c'è alcun richiamo alle sue regole, anche se ivi si fanno ricerche su cose quanto mai oscure. Questo lo si dica a modo di esempio. È infatti troppo lungo e difficile raccogliere tutti i passi oscuri delle Scritture canoniche per i quali il ricorso a queste sette regole non serve a nulla.

Le Regole di Ticonio vanno applicate con la massima cautela.

30. 43. Quanto all'autore invece, quando raccomanda queste cosiddette " regole ", attribuisce loro un tale valore che, conosciute e usate a dovere, permetterebbero di comprendere quasi tutti i passi oscuri che troviamo nella legge, cioè nei libri divini. Apre infatti il suo libro con le seguenti parole: Prima di tutte le altre cose che a mio parere avrei dovuto trattare, ho ritenuto necessario scrivere un libriccino sulle " Regole ", costruendo come delle chiavi, o delle lucerne, per scrutare i segreti delle Scritture. Si tratta di certe regole mistiche che penetrano i recessi più reconditi dell'intera legge e rendono visibili i tesori della verità che a qualcuno sarebbero invisibili. Se il sistema di queste regole sarà accettato senza malevolenza, così come lo comunichiamo, tutte le cose nascoste saranno palesate e tutte le cose oscure diventeranno luminose. In tal modo chi si troverà a camminare nell'immensa selva della profezia, guidato da queste regole come da bagliori di luce, sarà difeso dall'errore 65. Se egli avesse detto: " Ci sono delle

regole mistiche con cui si riesce a penetrare alcuni passi reconditi della legge " o magari: " con cui si riesce a penetrare nei passi più reconditi della legge ", avrebbe detto la verità. Non avrebbe dovuto dire: " I passi oscuri di tutta la legge " né: " Si apriranno tutti i recessi ", ma: " Si apriranno molti recessi ". Alla sua opera così elaborata e così utile non avrebbe dovuto dare più peso di quanto il problema in se stesso richiede: in tal modo non avrebbe prodotto nel suo lettore e conoscitore una falsa speranza. Tutte queste cose mi sono creduto in obbligo di dire affinché il libro sia, sì, letto dagli studiosi perché è di grandissimo aiuto per la comprensione delle Scritture, tuttavia non si speri di trovarvi quel che esso non contiene. Lo si deve insomma leggere con cautela non solo per certi errori che l'autore, come uomo, ha commesso ma soprattutto per quegli altri che commette parlando da eretico donatista. Ora mostrerò in breve ciò che insegnino o suggeriscano queste sette regole.

La prima Regola di Ticonio.

31. 44. La prima regola riguarda il Signore e il suo corpo. Ora, a questo proposito, noi sappiamo che a volte ci si prescrive di ritenere come unica la persona del capo e del corpo, cioè di Cristo e della Chiesa. Non è stato detto senza motivo infatti ai cristiani: Voi siete stirpe di Abramo 66, quando unica è la stirpe di Abramo ed essa è Cristo. Quando dunque si passa dal

capo al corpo e dal corpo al capo senza che si rinneghi l'unica e identica persona, non si debbono avere esitazioni. È infatti una la persona che parla quando dice: Come a uno sposo mi ha messo in capo il diadema e come una sposa mi ha adornata di gioielli 67. Eppure occorre certamente distinguere quale delle due cose convenga al capo e quale al corpo, cioè quale a Cristo e quale alla Chiesa.

La seconda Regola di Ticonio.

32. 45. La seconda regola riguarda il corpo del Signore nelle sue due sezioni. Effettivamente non lo si sarebbe dovuto chiamare così, poiché in realtà non è corpo del Signore quello che non sarà eterno con lui. Si sarebbe dovuto dire: Il corpo del Signore vero e quello frammisto, oppure: quello vero e quello fittizio, o cose del genere. In realtà bisogna affermare che non solo nell'eternità ma anche al presente gli ipocriti non sono con lui, sebbene sembrino far parte della sua Chiesa. Sotto questo profilo la presente regola poteva anche esprimersi con la dizione: la Chiesa nella sua mescolanza. Ma questa regola esige un lettore attento poiché la Scrittura, sebbene parli ormai ad una diversa categoria di persone, sembra parlare, quasi, a quegli stessi cui stava parlando prima, o che parli degli stessi (mentre da quel punto in poi parla di altri), quasi che per la mescolanza e comunione dei sacramenti che si ha nel tempo, sia unico il corpo dell'una e dell'altra categoria. A questo

si riferisce il detto del Cantico dei Cantici: Sono scura e bella come le tende di Cedar, come la pelle di Salomone 68. Non dice infatti: Un tempo fui scura come le tende di Cedar ma ora sono bella come la pelle di Salomone. Ha detto che è allo stesso tempo l'una e l'altra cosa, per l'unità che nel tempo godono i pesci buoni e i pesci cattivi trovandosi in una medesima rete 69. Le tende di Cedar infatti sono una porzione di Ismaele, che non sarà erede insieme al figlio della donna libera 70. Pertanto della porzione dei buoni Dio dirà: Condurrò i ciechi per la via che non conoscevano e batteranno strade che non conoscevano; io renderò ad essi le tenebre luce e le vie tortuose renderò diritte: queste cose farò e non li abbandonerò. Successivamente dice dell'altra porzione che si era mescolata pur essendo di cattivi: Loro al contrario si sono voltati indietro 71, sebbene con queste parole si indichino ancora gli altri. Siccome però adesso sono in un'entità sola, parla di essi come di coloro dei quali stava parlando antecedentemente. Ma non saranno sempre uniti. Si tratta infatti di quel servo ricordato nel Vangelo che il suo padrone, quando verrà, dividerà e metterà la sua parte insieme con quella degli ipocriti 72.

La terza Regola di Ticonio.

33. 46. La terza regola è circa le promesse e la Legge, che con altre parole si può chiamare " lo spirito e la lettera ", come l'abbiamo chiamata noi nel libro che

abbiamo scritto sull'argomento. Si potrebbe anche chiamare " la grazia e il precetto ". Ora questo mi sembra essere piuttosto un grosso problema che non una regola da usarsi per risolvere le questioni. È quanto non hanno compreso i pelagiani e così ci fondarono, o almeno incrementarono, la loro eresia. Ticonio lavorò bene per estirparla ma non lo fece in modo completo. Infatti, disputando della fede e delle opere, disse che le opere ci vengono date per merito della fede, mentre invece la fede in se stessa è roba nostra senza che Dio la immetta in noi. Non bada a quel che dice l'Apostolo: Ai fratelli pace e carità insieme con la fede che proviene da Dio Padre e dal Signore Gesù Cristo 73. Egli però non aveva conosciuto l'esistenza di questa eresia che, nata al tempo nostro, ci ha messo molto alla prova perché difendessimo contro di essa la grazia di Dio, che è dono del nostro Signore Gesù Cristo. Diceva l'Apostolo: Bisogna che ci siano le eresie affinché appaia chi fra voi sono gli approvati 74. Questa falsa dottrina ci ha resi più vigili e attenti, facendoci notare nelle sante Scritture delle cose che sfuggirono al nostro Ticonio, di noi meno attento e meno preoccupato del nemico, e precisamente che la stessa fede è dono di colui che la distribuisce a ciascuno secondo la propria misura 75. In conformità con questa teoria è detto: A voi è stato dato in Cristo non solo di credere in lui ma anche di patire per lui 76. Ascoltando con fede e sapienza che le due cose sono state a noi donate, chi potrebbe dubitare che ambedue sono dono di Dio? Ci sono anche parecchie altre testimonianze con le quali si dimostra la cosa, ma ora non ci occupiamo di questo. Ne abbiamo trattato spessissimo e in parecchie opere.

La quarta Regola di Ticonio.

34. 47. La quarta regola di Ticonio riguarda la specie e il genere. Egli la chiama così intendendo per specie la parte e per genere il tutto del quale quella che chiama specie è una parte. Così una città è ovviamente parte della totalità dei popoli, ed egli chiama la città specie, tutti i popoli genere. Né è il caso di ricorrere qui a quella sottigliezza nel distinguere in uso fra i dialettici che disputano con grande acume per stabilire la differenza fra parte e specie. Lo stesso ragionamento vale quando una cosa di questo tipo si incontra nei Libri divini non per una singola città ma per una provincia o nazione o regno. Né soltanto, per esempio, di Gerusalemme o di qualche città del mondo pagano, come Tiro, Babilonia o qualche altra, si dicono nelle sante Scritture cose che superano le loro dimensioni e convengono piuttosto alla totalità dei popoli; ma anche della Giudea, dell'Egitto, dell'Assiria e di molte altre nazioni, in cui sono parecchie città che però non sono l'intero universo ma una sua parte, si dicono cose che oltrepassano le loro dimensioni e convengono piuttosto all'universo in se stesso, di cui esse sono

parte, o, come si esprime costui, convengono al genere, di cui ognuna sarebbe una specie. Peraltro tali parole sono diventate di dominio popolare, di modo che anche l'illetterato capisce ciò che in un decreto imperiale è stabilito in maniera speciale e cosa in maniera generale. Questo accade anche per le persone: come, ad esempio, le cose dette di Salomone oltrepassano il riferimento a lui e prendono piena luce quando le si riferiscono piuttosto a Cristo o alla Chiesa, di cui egli era una parte.

Esempi di casi dove specie e genere si confondono.

34. 48. Né succede sempre che si oltrepassi la specie. Spesso infatti si dicono cose che chiarissimamente convengono anche alla specie o, forse, soltanto ad essa, ma quando dalla specie si passa al genere, mentre sembra che la Scrittura parli ancora della specie, in tal caso il lettore deve avere gli occhi bene aperti per non cercare nella specie ciò che può trovare più agiatamente e con maggiore sicurezza nel genere. Cose come queste riscontriamo con facilità nelle parole del profeta Ezechiele: La casa d'Israele ha abitato nella terra [promessa], e l'ha lordata con la sua condotta, con i suoi idoli e i suoi peccati. Come l'impurità di una donna nelle sue mestruazioni così è diventata la loro condotta davanti a me. E io ho dato sfogo alla mia ira contro di loro e li ho dispersi fra le nazioni e li ho sparpagliati in tutti i paesi. Li ho giudicati secondo la loro condotta e secondo i loro

peccati 77. È facile, dicevo, intendere queste parole di quella casa d'Israele della quale dice l'Apostolo: Osservate l'Israele secondo la carne 78, poiché tutte queste cose effettivamente quel popolo le ha fatte e le ha sofferte. Anche le parole che vengono dopo si comprende come possano convenire a quel popolo. Ma quando comincia a dire: E santificherò il mio nome santo e grande che è stato profanato fra le nazioni che voi profanaste in mezzo a loro, e sapranno le genti che io sono il Signore 79. A questo punto, chi legge deve stare attento e vedere come si oltrepassi la specie e si raggiunga il genere. Continuando, dice infatti: E quando sarò santificato in mezzo a voi davanti ai loro occhi, vi prenderò di fra mezzo alle Genti e vi radunerò da tutte le contrade e vi condurrò nella vostra terra. Vi aspergerò con acqua pura e sarete purificati da tutti i vostri idoli e vi renderò puri; e vi darò un cuore nuovo e uno spirito nuovo. Toglierò dal vostro corpo il cuore di pietra e vi darò un cuore di carne e vi darò anche il mio spirito. E vi farò camminare nella mia giustizia e voi custodirete i miei giudizi e li metterete in pratica. Abiterete nella terra che diedi ai vostri padri, e voi sarete mio popolo e io sarò vostro Dio. E vi purificherò da tutte le vostre immondezze 80. Non si può porre in dubbio che questo sia stato profetizzato del Nuovo Testamento, al quale appartiene non solo quell'unico popolo nei suoi eredi, di cui è scritto altrove: Se il numero dei figli d'Israele fosse come la sabbia del mare, un resto sarà salvato 81, ma anche le altre nazioni che erano state promesse in eredità ai loro padri, che poi sono anche i padri nostri. Non resta confuso chi vede come [in tali parole] è promesso il lavacro della rigenerazione, che attualmente vediamo amministrato a tutte le genti, e pensa a quello che dice l'Apostolo sottolineando l'eccellenza della grazia del Nuovo Testamento a confronto con quella del Vecchio. La nostra lettera - dice - siete voi: lettera scritta non con l'inchiostro ma con lo Spirito del Dio vivente; non in tavole di pietra ma nelle tavole di carne che sono il cuore 82. Egli guarda là e trova che è preso dal detto profetico: E vi darò un cuore nuovo e uno spirito nuovo; toglierò dal vostro corpo il cuore di pietra e vi darò un cuore di carne. Volle che il cuore di carne - di cui dice l'Apostolo: Nelle tavole del cuore carnale - fosse distinto dal cuore di pietra, essendo quello dotato di vita sensitiva e nella vita sensitiva volle significare la vita intellettiva. Così si forma l'Israele spirituale, risultante non da un solo popolo ma da tutti i popoli, promessi ai padri come loro discendenza, che poi è Cristo.

Ancora esempi illustrativi: Israele spirituale e carnale.

34. 49. Questo Israele spirituale si distingue dall'Israele carnale, limitato a un solo popolo, per la novità della grazia non per la nobiltà della patria, per

lo spirito non per la gente che lo compone. Quando pertanto il Profeta dalle altezze in cui si trova parla di questo secondo o a questo secondo, senza che noi ce ne accorgiamo passa al primo, e quando parla del primo o al primo, sembra che ancora parli dell'altro o all'altro. Questo non per sottrarci, come farebbe un nemico, la comprensione delle Scritture ma per allenare da bravo medico la nostra mente. Così le parole: E vi introdurrò nella vostra terra e quelle che dice poco dopo, quasi ripetendo lo stesso concetto: E abiterete - dice - nella terra che diedi ai vostri padri, non dobbiamo intenderle in senso carnale, quasi siano riferite all'Israele secondo la carne, ma spiritualmente, cioè dirette all'Israele spirituale. È infatti la Chiesa - quella sposa senza macchia e senza ruga 83 adunata da tutte le genti e destinata a regnare in eterno con Cristo - la terra dei viventi 84; e di questa Chiesa bisogna intendere che fu data ai padri quando fu loro promessa da Dio con volontà certa e irrevocabile. In effetti essa fu già data nella stabilità della promessa o, meglio della predestinazione, e dai padri fu creduto che sarebbe stata data a suo tempo. È come quando, parlando della grazia concessa ai santi, dice l'Apostolo scrivendo a Timoteo: Non in seguito ad opere nostre ma in forza del suo progetto e della sua grazia, ci è stata data in Cristo Gesù prima dei secoli eterni e si è manifestata adesso mediante la venuta del nostro Salvatore 85. Dice che la grazia fu data quando nemmeno esistevano coloro ai quali si intendeva darla, poiché nel piano e nella predestinazione di Dio già era avvenuto quello che si sarebbe realizzato - l'Apostolo dice " manifestato " - a suo tempo. Inoltre le parole della profezia si potrebbero intendere anche della terra del mondo avvenire, quando ci saranno cieli nuovi e terra nuova 86, in cui non potranno abitare quanti sono privi della giustizia. Pertanto giustamente si dice ai fedeli che essa è la loro terra, in quanto sotto nessun punto di vista potrà essere terra degli empi. Se ne deduce che anch'essa, a somiglianza [della grazia], fu concessa quando si stabilì perentoriamente di concederla.

Quinta Regola di Ticonio ed esempi illustrativi.

35. 50. Come quinta regola Ticonio pone quella che chiama Dei tempi. Con la quale regola si potrebbe trovare o almeno congetturare la durata dei tempi lasciata nell'oscurità dalla santa Scrittura. Egli dice che questa regola è valida in due campi: o nel tropo detto sineddoche o nei numeri perfetti. La sineddoche è un tropo che consente di prendere il tutto per la parte o la parte per il tutto. Ad esempio un Evangelista dice che accadde dopo otto giorni - mentre un altro dice dopo sei - l'episodio in cui sul monte alla presenza di tre soli discepoli il volto del Signore divenne splendente come il sole e le sue vesti come la neve 87. Le affermazioni circa il numero dei giorni non potrebbero essere vere tutte e due, se non si interpreta che colui che dice dopo otto giorni non

abbia posto come due giorni completi e interi e la
porzione finale del giorno in cui Cristo predisse la
cosa che sarebbe accaduta e la parte iniziale del
giorno in cui la cosa divenne fatto compiuto.
Viceversa, colui che disse dopo sei giorni computò
solo i giorni completi e interi, cioè solo i giorni di
mezzo. Con questo genere di locuzione con cui si
indica il tutto per la parte si risolve anche la nota
questione circa la resurrezione di Cristo. Se infatti
non si prende l'ultima parte del giorno in cui subì la
passione e la si considera come un giorno intero,
comprendendovi anche la notte che l'aveva preceduta,
e se non si prende come giorno intero anche la notte
al termine della quale risuscitò - aggiungendovi cioè
la domenica di cui si era all'alba -, non possono aversi
i tre giorni e le tre notti che egli aveva predetto di
restare nel cuore della terra 88.

Numeri perfetti e loro portata mistica.

35. 51. Quanto ai numeri perfetti, [Ticonio] chiama
così i numeri che la divina Scrittura privilegia sugli
altri, come il sette, il dieci, il dodici e tutti gli altri che
gli studiosi leggendo riconoscono facilmente. Il più
delle volte questi numeri indicano la totalità del
tempo. Così il detto: Ti loderò sette volte al
giorno 89, non significa altro se non che la sua lode
sarà sempre sulla mia bocca90. Lo stesso significato
hanno quando li si moltiplica per dieci, e si ha
settanta o settecento, per cui si possono interpretare

simbolicamente i settanta anni di Geremia e intenderli di tutto il tempo in cui la Chiesa è presso gli estranei. Ugualmente quando li si moltiplica per se stessi: dieci per dieci, uguale a cento; dodici per dodici, uguale a centoquarantaquattro, numero col quale nell'Apocalisse si indica la totalità dei santi 91. Si rende così evidente che con questi numeri non si hanno da risolvere solo questioni concernenti il tempo ma il loro significato si allarga a molte altre cose e abbraccia molti soggetti. In effetti quel numero dell'Apocalisse non si riferisce a problemi temporali ma riguarda persone.

Sesta Regola di Ticonio.

36. 52. La sesta regola Ticonio la chiama Ricapitolazione, regola che egli molto acutamente ha trovato per le difficoltà delle Scritture. Alcune cose infatti sono così riferite come se si susseguissero in ordine di tempo o come se fossero narrate secondo un susseguirsi reale, in quanto il racconto in maniera nascosta si rifà a cose anteriori tralasciate. Se questo nella presente regola non si tiene presente, si cade in errore. Sia d'esempio il Genesi. Dice: E il Signore Dio arricchì di piante il paradiso, [che era] in Eden ad Oriente, e vi collocò l'uomo che formò, e Dio produsse ancora dalla terra ogni albero bello [a vedersi] e buono a mangiarsi 92. Con tali parole sembrerebbe dirsi che tutto ciò fu fatto dopo che Dio aveva posto nel paradiso l'uomo che

aveva creato. Ricordate compendiosamente le due cose- che cioè Dio arricchì di piante il paradiso e che vi pose l'uomo che aveva formato - la Scrittura torna da capo ricapitolando e dice quanto aveva omesso: che il paradiso era stato abbellito di piante, che Dio produsse ancora dalla terra ogni albero bello [a vedersi] e buono a mangiarsi. Poi proseguendo aggiunge: E l'albero della vita in mezzo al paradiso e l'albero della scienza del bene e del male 93. Poi si descrive il fiume che irrigava il paradiso e quindi si divideva in quattro corsi d'acqua, cose tutte che si riferiscono alla configurazione del paradiso. Terminato questo racconto, ripete ciò che aveva detto, e che in realtà si sarebbe dovuto dire dopo, e dice: E il Signore Dio prese l'uomo da lui formato e lo collocò nel paradiso 94. In realtà l'uomo fu lì collocato dopo che tutte le altre cose erano state create, come ora la stessa disposizione ordinata dimostra. Non è vero che tutte le altre creature furono fatte dopo che l'uomo era stato ivi collocato, come si sarebbe potuto credere a una prima lettura, se non vi si introduce intelligentemente la figura della ricapitolazione, con cui si torna a ciò che era stato omesso.

Esempio tratto dal racconto della torre di Babele.

36. 53. Parimenti, nello stesso libro dice la Scrittura elencando le generazioni dei figli di Noè: Questi i figli di Cam, secondo le loro tribù, le loro lingue, paesi e nazioni 95. E ancora, enumerati i figli di Sem,

dice: Questi i figli di Sem secondo le loro tribù, lingue, paesi e nazioni 96. E parlando di tutti prosegue: Queste le tribù dei figli di Noè secondo la loro genealogia e secondo le loro nazioni. Da loro dopo il diluvio si dispersero i popoli delle isole dei gentili per tutta la terra. E tutta la terra aveva una sola bocca e tutti una sola voce 97. Si aggiunge dunque questo, che cioè tutta la terra aveva una sola bocca e tutti una sola voce, vale a dire una unica lingua. Questo sembrerebbe detto come se anche nel tempo in cui furono dispersi su tutta la terra, ivi comprese le isole delle genti, la lingua fosse ancora unica e comune a tutti. La qual cosa ripugna senz'altro alle precedenti parole dove si diceva: Secondo le loro tribù e le loro lingue. Non si sarebbe dovuto infatti dire che le singole tribù avevano già la loro propria lingua - quelle tribù che diedero origine alle diverse nazioni - se è vero che unica e comune era la lingua di tutte. Ciò significa che a modo di ricapitolazione fu aggiunto: Ed aveva tutta la terra una sola bocca e tutti un'unica voce, riprendendosi in maniera nascosta la narrazione dicendo come accadde che gli uomini, che avevano avuto tutti un'unica lingua, fossero divisi in molte lingue. E subito ci si narra della costruzione della torre per la quale secondo il giudizio divino fu loro inflitto quel castigo meritato dalla superbia. Fu dopo questo episodio che gli uomini furono dispersi su tutta la terra e ciascuno ebbe la propria lingua.

La Regola della Ricapitolazione applicata a Lc 17, 29-32.

36. 54. Questa ricapitolazione avviene anche in passi più oscuri, come nel Vangelo, là dove dice il Signore: Nel giorno in cui Lot uscì da Sodoma e piovve fuoco dal cielo e uccise tutti. Così sarà il giorno del Figlio dell'uomo quando si rivelerà. In quell'ora chi sarà sul tetto e avrà in casa i suoi oggetti, non scenda per andarli a prendere; e chi si trova nel campo ugualmente non torni indietro: si ricordi della moglie di Lot 98. Forse che, quando il Signore si sarà rivelato, bisognerà osservare tutte queste disposizioni, cioè non guardare indietro, o, in altre parole, non aspirare di nuovo alla vita cui si è rinunziato? O non lo si deve fare piuttosto al tempo presente, di modo che, quando il Signore si rivelerà, si riceva la ricompensa di quanto ciascuno ha osservato o disprezzato? Ma poiché è detto: In quell'ora, verrebbe da credere che queste norme si debbano osservare quando il Signore si rivelerà, se l'attenzione di chi legge non è desta a scoprirvi una ricapitolazione. In tal senso gli viene in aiuto un'altra Scrittura che, al tempo in cui vivevano ancora gli Apostoli, esclama: Figli, è l'ultima ora 99. Ebbene, l'ora in cui si debbono osservare queste prescrizioni è tutto il tempo in cui viene predicato il Vangelo fino al giorno in cui si manifesterà il Signore. In effetti la stessa manifestazione del Signore fa parte di quell'ora che avrà il suo termine nel giorno del giudizio 100.

Settima Regola di Ticonio.

37. 55. La settima e ultima regola di Ticonio è Il diavolo e il suo corpo. Egli infatti è il capo degli empi, che ne costituiscono in certo qual modo il corpo e andranno insieme con lui al supplizio del fuoco eterno 101. Analogamente Cristo è il capo della Chiesa, che è il suo corpo e andrà con lui nel regno e nella gloria eterna 102. Si ricordi pertanto la prima regola, chiamata [da Ticonio] Il Signore e il suo corpo e come in essa occorra star desti per comprendere cosa riguardi il capo e cosa il corpo, pur parlando la Scrittura di un'unica e identica persona. Così è in questa ultima. Talvolta si applica al diavolo ciò che troviamo non in lui ma piuttosto nel suo corpo. Egli infatti ha un corpo costituito non soltanto da coloro che in maniera del tutto palese sono fuori [della Chiesa] ma anche da coloro che, pur appartenendo a lui, tuttavia sono temporaneamente uniti alla Chiesa, finché ciascuno non esca da questo mondo o finché la paglia non venga separata dal grano mediante il ventilabro usato alla fine 103 [dal Signore]. Un esempio sono le parole del libro di Isaia dove è scritto: Come cadde dal cielo Lucifero che sorgeva al mattino 104 e il seguito. Sotto la figura del re di Babilonia nel medesimo contesto del discorso sono dette cose riguardanti la persona stessa del re o che sono a lui rivolte, eppure si intendono bene del diavolo, mentre ciò che nello stesso passo è detto: È stato sfracellato in terra colui che

inviava [messaggeri] a tutta la terra 105, non si adatta completamente alla persona del capo. Difatti, per quanto sia il diavolo a mandare i suoi angeli a tutti i popoli, tuttavia colui che viene sfracellato sulla terra non è lui ma il suo corpo. A meno che non lo si riferisca al fatto che, essendo egli nel suo corpo, in questo stesso corpo viene lui stesso sfracellato e diventa come polvere che il vento disperde sulla superficie della terra 106.

Conclusione del libro. I generi letterari; la necessità della preghiera.

37. 56. Orbene, tutte queste regole - eccetto quella chiamata Le promesse e la Legge - mediante una cosa ne fanno comprendere un'altra: il che è proprio del parlare in tropi, i quali peraltro si estendono tanto che non si può, a mio avviso, comprendere tutto da un singolo elemento. Difatti là dove si dice una cosa perché se ne comprenda un'altra, sebbene il nome del tropo non si trovi nell'arte retorica, tuttavia si tratta di una espressione tropica. La quale, se si usa dove si è soliti usarla, senza sforzo si ottiene la comprensione; se invece la si usa dove di solito non la si trova, si stenta a comprendere e c'è chi stenta di più e chi di meno, secondo che più o meno grandi sono i doni di Dio elargiti alle menti umane o gli aiuti loro concessi. In conclusione, come nei termini propri - di cui sopra abbiamo trattato - le cose sono da intendersi come suonano le parole, così nelle espressioni traslate che

costituiscono i tropi: da una cosa se ne può intendere un'altra. Ma di questo abbiamo ormai trattato quanto ci sembrava opportuno. Quanto agli studiosi delle lettere degne di assoluta venerazione, non solo li si deve spingere a conoscere i generi letterari in uso nelle Sacre Scritture e a penetrare con solerzia il modo come ogni cosa ivi è di solito espressa, ritenendola poi a memoria, ma anche a pregare per ottenere l'intelligenza, essendo la preghiera il mezzo principale e più necessario. In quelle lettere infatti di cui sono appassionati leggono che il Signore dà la sapienza e dal suo volto derivano scienza e intelligenza 107. Da lui hanno infatti ricevuto il loro stesso trasporto quando esso è unito alla pietà. Con questo facciamo basta a tutto ciò che riguarda i segni, compresi quelli contenuti in parole. Resta da discutere sul modo di comunicare agli altri le cose imparate e lo faremo nel seguente volume dicendo ciò che il Signore ci concederà.

LIBRO QUARTO

Tema del quarto libro.

1. 1. Secondo una divisione fatta al principio avevo diviso in due parti il presente libro, che si intitola La Dottrina Cristiana. Difatti, al termine del proemio, dove rispondevo a coloro che avrebbero criticato l'opera, dicevo: Due sono le cose su cui si basa ogni trattato sulle Scritture: il modo di trovare le cose che occorre comprendere e il modo di esporre le cose comprese; parleremo quindi prima del modo di trovare e poi del modo di esporre 1. Orbene, siccome abbiamo parlato diffusamente sul modo di trovare e su questa prima sezione abbiamo riempito tre volumi, ora, con l'aiuto del Signore, saremo brevi nel presentare il modo di esporre. Vorremmo, se possibile, esaurire tutto in un unico libro, di modo che l'opera completa non vada oltre i quattro volumi.

Non è un trattato di retorica profana.

1. 2. All'inizio [del presente libro] mi piace collocare un preambolo per respingere le attese di quei lettori che per caso credessero che io mi metta a impartire i precetti di retorica che appresi e insegnai nelle scuole civili. Li ammonisco a non aspettarsi da me cose del genere. Non perché non siano utili ma perché, se hanno dell'utilità, le imparino con uno studio a parte -

se c'è qualche persona dabbene che abbia agio di imparare anche queste cose -, comunque non le stiano a chiedere a me, né in quest'opera né in qualsiasi altra.

Il dottore cristiano deve possedere l'arte retorica.

2. 3. È un fatto che con la retorica si può persuadere tanto il vero quanto il falso. E allora chi oserebbe dire che la verità debba trovarsi inerme in chi la difende contro la menzogna? Voglio dire: perché mai coloro che cercano di persuadere delle falsità dovrebbero, con [forbiti] preamboli, rendersi l'uditore o benevolo o attento o docile e quegli altri non dovrebbero saperlo fare? Perché gli uni dovrebbero riuscire a narrare le falsità in forma succinta, chiara e verosimile, mentre coloro che narrano la verità dovrebbero farlo in modo che l'uditore si annoi, l'argomento proposto resti incomprensibile e, finalmente, sia disgustoso il credere? Perché quelli dovrebbero impugnare la verità con argomenti sballati e difendere la falsità, mentre questi non dovrebbero riuscire né a difendere la verità né a confutare la falsità? Perché quelli con il loro dire dovrebbero riuscire a spaventare, rattristare, rallegrare, infiammare l'animo degli uditori muovendoli e sospingendoli verso l'errore, mentre questi altri, tardi e freddi nei confronti della verità, dovrebbero essere come addormentati? Chi potrebbe essere così balordo da pensare così? In effetti l'argomento che dobbiamo

affrontare è quello dell'eloquenza, che ha moltissimo influsso per persuadere tanto le cose buone quanto quelle cattive. Perché dunque non se la procurano con zelo i buoni per combattere in favore della verità, se se ne servono i cattivi per patrocinare cause disoneste e vane a servizio dell'iniquità e dell'errore?

Età e metodo adatti allo studio della retorica.

3. 4. In questa materia ci sono indicazioni e precetti, ai quali se si aggiunge insieme con l'abbondanza e la ricercatezza delle parole una padronanza particolare della lingua stilisticamente perfetta si ottiene quella che si chiama facondia o eloquenza. Coloro che vogliono impararla rapidamente lo debbono fare in età adatta e conveniente, dedicando a ciò un periodo adeguato di tempo ma senza pretenderlo da questo nostro scritto. Al riguardo i sommi maestri dell'eloquenza romana non rifuggirono dal dire che quest'arte, se non la si impara presto, non la si potrà mai imparare a perfezione 2. La qual cosa, se sia vera, che bisogno c'è di domandarselo? In realtà, per quanto la potrebbero imparare, sia pure con una certa difficoltà, anche gli ingegni un po' tardi, noi non la riteniamo di tale importanza da volere che vi si dedichino anche uomini d'età matura e avanzati negli anni. È sufficiente che vi si dedichino i giovani e, fra questi, nemmeno tutti coloro che desideriamo vengano istruiti per l'utilità della Chiesa, ma coloro che non si occupano di cose più urgenti o non sono

gravati da necessità da preferirsi a questa in modo evidente. In effetti, se si ha un ingegno acuto e brillante, è più facile impadronirsi dell'eloquenza leggendo o ascoltando persone eloquenti che non mettendosi alla ricerca di norme d'eloquenza. Non mancano opere di letteratura ecclesiastica - anche al di fuori del canone che salutarmente viene collocato all'apice dell'autorità - leggendo le quali un uomo fornito d'ingegno, sebbene non le sappia comporre ma badi soltanto alle cose che vi si dicono, mentre maneggia tali opere, non può non rimanere istruito anche nei riguardi dello stile con cui esse vengono dette. Ciò otterrà più agevolmente se soprattutto vi aggiungerà l'abitudine o di scrivere o di dettare o, finalmente, anche di esporre le cose che sa essere secondo la norma della religione e della fede. Che se manca un tale acume della mente, né si capiranno le norme della retorica né, se le si riesce ad imparare un pochino qualora vengano inculcate con grande sforzo, recano alcun giovamento. È vero infatti anche di coloro che le hanno imparate e riescono a parlare con facondia ed eloquenza, che non tutti, quando parlano, possono pensare alle norme secondo cui parlano, a meno che non trattino proprio di quelle. Tutt'altro! Io ritengo che ce ne sia sì e no qualcuno fra loro, il quale riesca a mettere insieme le due cose, cioè dir bene e pensare, mentre parla, a quelle norme del dire per cui riesce a parlare bene. Bisogna evitare infatti che, mentre si bada a parlare con arte, ci si dimentichi di ciò che si ha da dire. Purtuttavia nei discorsi e nei racconti delle persone eloquenti si trovano applicate le norme di eloquenza, alle quali essi, per parlare o mentre parlavano, non badavano, sia che l'avessero imparate sia che non l'avessero neppure sentite dire. Le mettevano in pratica perché erano eloquenti, non le usavano per diventare eloquenti.

I bambini imparano ascoltando gli adulti.

3. 5. Effettivamente, se è vero che i bambini diventano capaci di parlare imparando le frasi da chi parla, perché non si dovrebbe diventare eloquenti senza che ci venga insegnata in alcun modo la retorica ma leggendo o ascoltando le espressioni delle persone eloquenti e, per quanto si può, imitandole? E che dire se con esempi esperimentiamo che ciò è possibile? Conosciamo infatti moltissime persone che senza studiare le norme della retorica sono diventate più eloquenti di moltissimi altri che le avevano apprese. Non conosciamo però nessuno che sia divenuto eloquente senza avere letto o ascoltato dispute o discorsi di persone eloquenti. È così anche della stessa grammatica con la quale s'impara la precisione del dire. Nemmeno di essa avrebbero bisogno i fanciulli se fosse loro concesso di vivere e crescere in mezzo a uomini che parlassero correttamente. Non conoscendo infatti alcuna espressione sgrammaticata, se ascoltassero sulla bocca di qualcuno espressioni errate, in forza della

loro abitudine corretta le disapproverebbero e se ne terrebbero lontani. È quel che fanno gli abitanti di città, anche quelli che non conoscono le lettere, quando rimproverano i contadini.

Il linguaggio dell'oratore cristiano varia secondo le circostanze.

4. 6. Colui che espone ed insegna le divine Scritture, in quanto difensore della retta fede e avversario dell'errore, deve insegnare il bene e distogliere dal male. In questa sua opera oratoria deve conciliare gli animi in contrasto, sollevare gli sfiduciati, proporre agli indotti quel che debbano fare e quel che li attende. Che se invece trova o riesce lui stesso a crearsi degli animi benevoli, attenti e docili, deve fare tutte quelle altre cose che le circostanze richiedono. Se gli uditori debbono essere istruiti, lo si deve fare mediante la narrazione - se pur ce n'è bisogno - perché la cosa di cui si tratta diventi palese. Per rendere certe le cose dubbie, occorre far uso del raziocinio adducendo delle prove. Se poi l'uditore, più che essere istruito, ha bisogno di essere stimolato affinché non rimanga inerte nel praticare quanto già conosce ma presti assenso alle cose che riconosce essere vere, bisogna ricorrere a una maggiore carica oratoria. Occorre usare suppliche e minacce, stimolazioni e riprensioni e tutte le altre svariate arti di muovere gli animi.

Lo stesso si dica di ogni oratore.

4. 7. Ma tutte queste cose che ho elencate non trascura di farle nessuno (o quasi) che voglia con l'eloquenza ottenere un qualche risultato.

L'oratore cristiano dev'essere sapiente prima che eloquente.

5. 7. Ci sono però alcuni che ciò fanno senza mordente, in maniera sgraziata e con freddezza, mentre altri con mordente, in maniera elegante e con vigore. Ebbene, all'opera di cui ci stiamo occupando deve accedere colui che è in grado di trattare o dire la cosa con sapienza, anche se non può farlo con eloquenza, di modo che rechi giovamento agli uditori, sebbene si tratti di un giovamento minore di quello che avrebbe conseguito se avesse saputo parlare anche con eloquenza. Chi poi abbonda di eloquenza fasulla, lo si deve evitare con tanto maggiore cura quanto più l'uditore prova gusto nell'ascoltare da lui ciò che è inutile e, siccome sente che dice le cose con facondia, ritiene che parli anche conforme a verità. Questa norma non ignorarono nemmeno coloro che si accinsero ad insegnare la retorica, i quali riconobbero che, se la sapienza senza l'eloquenza giova poco alle comunità cittadine, l'eloquenza senza la sapienza il più delle volte nuoce moltissimo, certo non giova mai 3. Se a dire cose come queste furono costretti, mossi dalla forza della verità, coloro che impartirono

leggi di eloquenza e composero libri in cui ne fecero l'esposizione pur senza conoscere la vera sapienza che è quella celeste, che procede dal Padre della luce, quanto più non dovremo avere gli stessi sentimenti noi che siamo figli e ministri di questa sapienza? In effetti l'uomo parla più sapientemente o meno sapientemente a seconda del progresso più o meno grande che ha fatto nella conoscenza delle sante Scritture. Non dico del fatto di averle molto lette o imparate a memoria ma dell'averle ben comprese e averne scrutato diligentemente il senso. Ci sono infatti coloro che le leggono ma poi le trascurano: le leggono per conoscerle, le trascurano non volendole comprendere. A costoro sono senza dubbio da preferirsi coloro che ritengono meno le parole lette e penetrano con gli occhi del loro cuore nel cuore delle Scritture. A tutti e due poi è preferibile colui che quando vuole ne sa anche parlare e le intende come si deve.

Non a scuola ma dai libri degli oratori si apprende l'oratoria.

5. 8. Ritenere le parole della Scrittura è dunque cosa sommamente necessaria a colui che deve parlarne con sapienza, anche se non può farlo con eloquenza. Quanto più infatti si sente sprovvisto di parole proprie, tanto più deve essere ricco di sentenze bibliche, per cui ciò che dice a parole proprie lo comprovi con quelle, e chi è limitato nel possesso di

parole proprie cresca - per così dire - con la testimonianza di chi è grande. Colui infatti che usando parole proprie piacerebbe poco piacerà per le argomentazioni [scritturali] che arreca. Inoltre, chi vuol parlare non solo con sapienza ma anche con eloquenza, essendo certamente più utile se saprà fare le due cose insieme, lo invierei a leggere, ascoltare e imitare nella pratica gli uomini eloquenti, più volentieri che non a seguire i maestri dell'arte retorica. Occorre però che quegli oratori che si leggono o ascoltano abbiano il riconoscimento, da chi li elogia con verità, di avere parlato o di parlare non solo eloquentemente ma anche conforme a verità, poiché quelli che parlano con eloquenza li si ascolta con gusto, quelli che parlano con sapienza li si ascolta in modo salutare. Per questo non dice la Scrittura: La moltitudine degli abili parlatori ma: La moltitudine dei sapienti è salvezza della terra 4. Ebbene, come spesso sono da trangugiarsi, perché fanno bene, cose amare, così occorre sempre evitare la dolcezza che risulti nociva. Ma cosa c'è di meglio di una dolcezza salutare o di una salute soave? Sicché quanto più in quelle pagine si desidera la dolcezza, tanto più facilmente giova il rimedio salutare. Così ci sono degli uomini di Chiesa che hanno trattato le Sacre Scritture non solo con sapienza ma anche con eloquenza. A leggerli [tutti] manca sì il tempo, ma ciò non vuol dire che essi non siano in grado di giovare a chi li studia e dedica loro del tempo.

L'eloquenza dei libri sacri è, nella sua peculiarità, eccellente.

6. 9. A questo punto qualcuno chiederà forse se i nostri autori - coloro dico i cui scritti ispirati divinamente hanno formato il nostro canone con la sua autorità oltremodo salutare - debbono essere chiamati soltanto sapienti o anche eloquenti. È questo un problema che da me e da coloro che sull'argomento la pensano come me, si risolve molto facilmente. In realtà, là dove li capisco, nulla potrà sembrarmi più sapiente, nulla più eloquente. E oso dire che tutti coloro che comprendono a dovere ciò che tali autori dicono, nello stesso tempo comprendono che essi non avrebbero dovuto parlare diversamente. Come infatti c'è una eloquenza che si adatta di più all'età giovanile e un'altra che si adatta meglio all'età senile, e non si può chiamare eloquenza quella che non si adatta alla personalità di colui che parla, così c'è una eloquenza che conviene a quegli uomini degni della massima autorità e completamente divinizzati. In base a tale eloquenza essi hanno parlato, né ce ne sarebbe un'altra a loro confacente né quella si adatterebbe ad altri. Si confà, effettivamente, a loro [e a loro soli]; quanto invece agli altri, più il loro dire sembra ad essi spregevole più li supera in altezza, non per la ventosità ma per la solidità. In quei passi poi dove non li comprendo mi apparirà certo in misura minore la loro eloquenza, tuttavia non dubiterò che essa sia tale quale la riscontro nei passi

che comprendo. A tale eloquenza infatti si doveva mescolare anche una certa dose di oscurità, in detti divini e salutari come quelli, per cui il nostro intelletto avrebbe dovuto trarre profitto non solo mediante la [semplice] scoperta ma anche mediante la ricerca.

L'eloquenza degli autori sacri sgorga dalla sapienza.

6. 10. Se avessi tempo, potrei mostrare come nei Libri sacri composti dai nostri autori ci sono tutte le risorse e gli ornamenti dell'eloquenza di cui si vantano coloro che antepongono il proprio linguaggio al linguaggio dei suddetti nostri autori, basandosi non sulla elevatezza ma sulla vacuità. Sono infatti, i nostri, libri che la divina Provvidenza ci ha forniti per istruirci e trasferirci da questo mondo perverso al regno della beatitudine. Ora, se nell'eloquenza dei Libri sacri provo un godimento inesprimibile, non è per le cose che quegli uomini hanno in comune con gli oratori o i poeti del paganesimo; mi riempie piuttosto di ammirazione e di stupore il fatto che essi si sono serviti della nostra eloquenza assoggettandola, per così dire, ad un'altra eloquenza loro propria in modo che loro non facesse difetto né eccedesse i limiti. Una tale eloquenza infatti essi non dovevano né ripudiarla né con essa pavoneggiarsi; e l'una cosa avrebbero fatto se l'avessero [del tutto] evitata, mentre l'altra si sarebbe potuta supporre se fosse stato facile scoprirla.

Non mancano certo persone dotte capaci di penetrare i passi oscuri: esse vi trovano dette cose tali che le parole con cui le si dicono non sembrano scelte dall'autore che parla ma somministrate quasi spontaneamente dalle cose stesse. Potresti quasi immaginare che la sapienza sgorghi dalla sua casa, cioè dal cuore del sapiente; e a lei tien dietro, anche se non chiamata, l'eloquenza, a modo di un'ancella inseparabile [dalla sua padrona].

Rm 5, 3-5, bell'esempio di arte retorica.

7. 11. Chi infatti non vede cosa voleva dire e con quanta sapienza si sia espresso l'Apostolo quando dice: Noi ci gloriamo nelle tribolazioni, sapendo che la tribolazione produce la pazienza, la pazienza la virtù provata, la virtù provata la speranza, la speranza poi non rimane confusa, poiché l'amore di Dio è stato diffuso nei nostri cuori per mezzo dello Spirito Santo che ci è stato dato 5? Se in questo caso un tizio, ignorantemente dotto, si mettesse a sostenere che l'Apostolo ha seguito le norme dell'eloquenza come arte [profana], non si esporrebbe alle irrisioni di tutti i cristiani, dotti e non dotti? Eppure qui si riscontra quella figura che in greco si chiama κλίμαξ mentre in latino da diversi la si dice " gradazione ", poiché non la si è voluta chiamare semplicemente " scala " in quanto le parole e il loro significato si trovano connessi e derivanti l'uno dall'altro. Nel nostro caso troviamo in connessione la pazienza con la

tribolazione, la virtù provata con la pazienza, la speranza con la virtù provata. Vi si riconosce anche un altro pregio. Terminate alcune parti della frase con l'interruzione della pronuncia, cose che i nostri chiamano membri e cesure mentre i greci κῶλα e κόμματα, segue uno sviluppo o giro [di parole] che i greci chiamano περίοδον, i cui membri restano sospesi mediante la pronuncia di chi parla, finché in ultimo non si arrivi alla chiusa. In concreto, fra ciò che precede il " periodo " il primo membro è: infatti la tribolazione produce la pazienza; il secondo: la pazienza poi la virtù provata; il terzo: la virtù provata la speranza. Poi si presenta in se stesso il " periodo ", che si svolge in tre membri, di cui il primo è: La speranza non rimane confusa; il secondo: perché l'amore di Dio è stato diffuso nei nostri cuori; il terzo: per opera dello Spirito Santo che ci è stato dato. Queste cose e altre simili vengono insegnate nell'arte oratoria. Quanto però all'Apostolo, come non diciamo che egli si sottopose alle norme dell'eloquenza così non neghiamo che l'eloquenza fu al seguito della sua sapienza.

Altro magnifico esempio in 2 Cor 11, 16-30.

7. 12. Scrivendo ai Corinzi, nella seconda lettera rimprovera certi pseudoapostoli, provenienti dal giudaismo, che lo calunniavano. Costretto a lodare se stesso, attribuisce a sé questa che egli chiama insipienza; ma con quanta sapienza, con quanta

eloquenza parla! Familiare della sapienza e guida esperta dell'eloquenza, al seguito di quella e precedendo questa, senza respingerne la sequela, egli dice: Ve lo dico di nuovo, perché nessuno mi ritenga un insipiente, altrimenti prendetemi pure per un insipiente, ma permettete che mi glori un poco. Quello che dico, non lo dico secondo Dio ma come in uno stato di follia, in relazione al gloriarmi. Dal momento che molti si gloriano secondo la carne, mi glorierò anch'io. Voi infatti volentieri sopportate gli insipienti, voi che invece siete sapienti: sopportate se qualcuno vi riduce in schiavitù, se vi divora o vi deruba, se si esalta o vi schiaffeggia. Lo dico a titolo di mancata nobiltà quasi che noi fossimo stati deboli. Ma là dove ciascuno osa gloriarsi (lo dico da stolto), lo oso anch'io. Sono Ebrei? Anch'io. Sono Israeliti? Anch'io. Sono stirpe di Abramo? Anch'io. Sono ministri di Cristo? Lo dico da insipiente, io di più. Moltissimo nelle fatiche, più copiosamente nelle carceri, nelle ferite oltre ogni dire, nella morte molto frequentemente. Dai Giudei cinque volte ho ricevuto i quaranta [colpi] meno uno. Tre volte sono stato battuto con verghe, una volta sono stato lapidato, tre volte ho fatto naufragio e sono stato un giorno e una notte in fondo al mare. Viaggi innumerevoli, pericoli di fiumi, pericoli di briganti, pericoli dai miei connazionali, pericoli dai pagani, pericoli nella città, pericoli nel deserto, pericoli sul mare, pericoli dai falsi fratelli; fatica e travaglio, veglie senza numero, fame e sete, frequenti digiuni, freddo e nudità. E oltre a queste cose che sono esterne, il mio assillo quotidiano [è] la sollecitudine per tutte le Chiese. Chi è debole senza che io divenga debole [con lui]? Chi viene scandalizzato senza che io ne arda? Se occorre gloriarsi, mi glorierò di quel che concerne la mia debolezza 6. Con quanta sapienza siano dette queste cose lo vede chiunque abbia la mente desta. In qual fiume di eloquenza siano poi incanalate, se ne accorge anche chi è in preda al sonno.

Analisi e note a 2 Cor 11, 16-30.

7. 13. Se poi si tratta di un esperto, vi riconosce e le cesure, che i greci chiamano κόμματαe i membri e i periodi di cui ho parlato poc'anzi. Interposti con opportunissima varietà, ne hanno fatto un discorso di grande bellezza e gli hanno dato come un volto, di cui godono e si emozionano anche i meno preparati. In effetti, esaminando il brano da dove abbiamo iniziato a citarlo, vi troviamo dei periodi, dei quali il primo è il più ridotto, cioè di due membri. Non si danno infatti periodi formati da meno di due membri, mentre se ne possono dare di più membri. Quel primo periodo è dunque questo: Lo dico di nuovo, perché nessuno mi ritenga un insipiente. Ne segue uno di tre membri: Altrimenti, prendetemi pure per un insipiente, ma permettete che mi glori un poco. Quello che viene per terzo ha quattro membri: Quello che dico, non lo dico secondo Dio, ma come in uno

stato di follia, in relazione a questa materia del gloriarmi. Il quarto ne ha due: Dal momento che molti si gloriano secondo la carne, mi glorierò anch'io. Anche il quinto ne ha due: Volentieri sopportate gli insipienti voi che invece siete sapienti. Anche il sesto è di due membri: Sopportate infatti se qualcuno vi riduce in schiavitù. Seguono tre cesure: Se vi divora, se vi deruba, se si esalta. Vengono poi tre membri: Se qualcuno vi schiaffeggia, lo dico a titolo di mancata nobiltà, quasi che noi fossimo stati deboli. Si aggiunge un periodo composto di tre membri: Là dove ciascuno osa gloriarsi - lo dico da stolto - lo oso anch'io. Dopo questo, poste delle cesure a modo di interrogazione, si replica a ciascuna con altrettante cesure di risposta, tre cioè contro tre. Sono Ebrei? Anch'io. Sono Israeliti? Anch'io. Sono progenie di Abramo? Anch'io. Si prosegue con una quarta cesura posta a modo di interrogazione come prima, ma si risponde opponendo non un'altra cesura ma un membro. Sono ministri di Cristo? Lo dico da insipiente: Io di più. Quanto alle quattro cesure che seguono, messa da parte con elegantissima scelta ogni interrogazione, le si articolano così: Moltissimo nelle fatiche, più copiosamente nelle carceri, nelle ferite oltre ogni dire, nella morte molto frequentemente. In seguito si frappone un breve periodo che deve essere distinto con la sospensione della pronuncia: Dai Giudei cinque volte (di modo che questo sia un membro cui si collega l'altro) ho ricevuto i quaranta [colpi] meno uno. Poi si ritorna alle cesure e se ne pongono tre: Tre volte sono stato battuto con verghe, una volta sono stato lapidato, tre volte ho fatto naufragio. Segue un membro: Sono stato un giorno e una notte in fondo al mare. Successivamente fluiscono con ordinatissima foga oratoria quattordici cesure: Viaggi innumerevoli, pericoli di fiumi, pericoli di briganti, pericoli dai miei connazionali, pericoli dai pagani, pericoli nella città, pericoli nel deserto, pericoli sul mare, pericoli dai falsi fratelli; fatica e travaglio, veglie senza numero, fame e sete, frequenti digiuni, freddo e nudità. Dopo queste interpone un periodo di tre membri: Oltre a queste cose che sono esteriori, il mio assillo quotidiano [è] la sollecitudine per tutte le Chiese. E a questo soggiunge due membri in tono interrogativo: Chi è debole, senza che io diventi debole [con lui]? Chi viene scandalizzato senza che io ne arda? Alla fine tutto questo brano, fatto - diciamo - come di aneliti, termina con un periodo a due membri: Se occorre gloriarsi, mi glorierò di quel che concerne la mia debolezza. Quanto poi abbia di bellezza e di giocondità il fatto che, dopo questa descrizione impetuosa, si riposi in certo qual modo interponendo una breve narrazione, e così faccia anche respirare colui che ascolta, non lo si può spiegare sufficientemente. Continua infatti dicendo: Il Dio e il Padre del Signore nostro Gesù Cristo, che è benedetto nei secoli, sa che non mentisco 7. Poi narra brevissimamente i pericoli a cui fu soggetto e come ne sia stato liberato.

Gli autori sacri scrivono evitando l'ostentazione.

7. 14. A voler continuare con il rimanente si andrebbe per le lunghe e così pure se si volessero dimostrare gli stessi pregi letterari ricorrendo ad altri passi delle Sacre Scritture. E che dire se volessi mostrare, per lo meno nel testo dell'Apostolo che ho ricordato, le figure di linguaggio che si insegnano nella retorica? Non sarebbe più facile che gli uomini seri mi prendano per troppo prolisso piuttosto che qualcuno dei dotti mi ritenga bastevole alle sue esigenze? Tutte queste norme, quando vengono insegnate dai maestri, le si considerano cose grosse, le si comprano a gran prezzo e le si vendono con grande sfoggio. Un tale sfoggio ho l'impressione di voler fare anch'io mentre parlo di queste cose. Ma occorreva rispondere agli uomini male istruiti che si credono autorizzati a disprezzare i nostri autori non perché non abbiano ma perché non ostentano quella eloquenza che loro amano eccessivamente.

Paolo non è il solo autore sacro che scriva con eloquenza.

7. 15. Probabilmente qualcuno penserà che io, per mostrare un uomo eloquente fra i nostri, ho scelto di proposito l'apostolo Paolo. Difatti, là dove egli

dice: Sebbene inesperto nel parlare, non lo sono nella scienza 8, sembra che parli per fare una concessione ai suoi detrattori, non che egli riconosca la cosa per vera. Se invece avesse detto: Inesperto, è vero, nel parlare, non però nella scienza, non lo si sarebbe in alcun modo potuto intendere diversamente. In realtà non esitò a mettere in rilievo la propria scienza, senza la quale non sarebbe potuto essere il Dottore delle Genti. Certo, se come esempio di eloquenza prendiamo qualche sua pagina, la prendiamo da quelle lettere che anche i suoi critici - che ritenevano spregevole il suo parlare - confessavano però che gli scritti erano notevoli per gravità e robustezza 9. Mi accorgo quindi, a questo punto, di dover dire qualcosa anche dell'eloquenza dei Profeti, presso i quali per il loro linguaggio figurato molte cose si trovano celate: cose che, quanto più sembrano nascoste da parole traslate, tanto più diventano dolci quando le si penetra. In questo libro però debbo ricordare solo quei passi che non mi costringano a spiegare quanto vi è detto ma solo a sottolineare il modo come le cose sono state dette. Lo farò ricorrendo prevalentemente al libro di quel Profeta che parlando di se stesso dice di essere stato pastore e mandriano e da tale professione essere stato divinamente prelevato e inviato a fare da profeta al popolo di Dio 10. Non esaminerò il testo secondo i Settanta, i quali, essendo stati essi stessi aiutati nel tradurre dal divino Spirito, sembra che abbiano detto qualcosa per elevare l'attenzione del lettore a scrutare un senso più spirituale, per cui sono da attribuire a loro alcuni passi troppo oscuri per essere espressi con figure troppo azzardate. Esaminerò il testo come è stato tradotto in latino dall'ebraico ad opera del sacerdote Girolamo, che ha fatto la sua traduzione da esperto nelle due lingue.

Eloquenza in Amos 6, 1-6.

7. 16. Rimproverando dunque certe persone empie, superbe, lussuriose e per conseguenza incuranti dell'amore fraterno, questo profeta campagnolo o nato da campagnoli, gridava dicendo: Guai a voi, ricchi di Sion, che confidate nel monte di Samaria, ottimati e capi dei popoli che incedete con pompa nella casa di Israele! Passate da Calane e guardate, e da lì andate ad Hamat, la grande, e scendete a Gat dei Palestinesi e a tutti i più bei loro regni; [e vedete] se il loro territorio è più grande del vostro. Voi siete stati separati per il giorno della sventura e vi avvicinate al regno dell'iniquità. Voi dormite in letti d'avorio, e vivete da lascivi sui vostri divani; voi mangiate l'agnello preso dal gregge e i vitelli presi dall'armento; e cantate al suono del salterio. Come Davide, credettero di avere strumenti per il canto, mentre bevevano il vino in coppe e si ungevano di ottimo unguento, e per nulla soffrivano dello sfacelo di Giuseppe 11. Forse che quei tali che, ritenendosi dotti ed eloquenti, disprezzano i nostri Profeti come

privi d'erudizione e d'eloquenza, se avessero dovuto dire qualcosa di simile al popolo o a persone di tal fatta, l'avrebbero voluto dire diversamente, a meno che non si tratti di quelli fra loro che preferiscono agire da pazzi!

Riflessioni su Amos 6, 1-2.

7. 17. Le orecchie di persone assennate cosa avrebbero desiderato di meglio d'un simile discorso? Dapprima c'è l'invettiva: e di quale fremito non è essa permeata, quasi dovesse destare dei sensi addormentati? Guai a voi, ricchi di Sion, che confidate nel monte di Samaria, ottimati e capi dei popoli che incedete con pompa nella casa di Israele! 12 Successivamente dimostra che sono ingrati ai benefici di Dio, che aveva dato loro un vasto regno, in quanto confidavano nel monte di Samaria, dove effettivamente venivano adorati gli idoli. Per questo dice: Passate da Calne e guardate, e da lì andate ad Hamat la grande, e scendete a Gat dei Palestinesi e a tutti i più bei loro regni; [e vedete] se il loro territorio è più vasto del vostro 13. Mentre vengon dette queste cose, il discorso si adorna, come di fari, di nomi di località, e cioè: Sion, Samaria, Calne, Hamat la grande, Gat dei Palestinesi. In seguito si variano in modo veramente incantevole le parole aggiunte a queste località: Siete ricchi, confidate; passate, andate, scendete 14.

Riflessioni su Amos 6, 3-4.

7. 18. Dopo questo si preannunzia la prigionia che sarebbe sopraggiunta al tempo di un re iniquo, e si aggiunge: Voi siete stati separati per il giorno della sventura e vi avvicinate al regno dell'iniquità. Vengono quindi aggiunte le azioni riguardanti la lussuria: Voi dormite su letti di avorio e vivete da lascivi sui vostri divani; voi mangiate gli agnelli presi dal gregge e i vitelli presi dall'armento 15. Questi sei membri costituiscono tre periodi, ciascuno di due membri. Non dice infatti: " Voi siete stati separati per il giorno della sventura, vi avvicinate al regno dell'iniquità, dormite in letti d'avorio, vivete da lascivi sui vostri divani, mangiate gli agnelli presi dal gregge e i vitelli presi dall'armento ". Se si fosse espresso così, anche questa forma sarebbe stata bella: tutti e sei i membri sarebbero dipesi da un unico pronome e ciascuno sarebbe stato delimitato nel suo ambito dalla voce del lettore. Il Profeta ha fatto qualcosa di più bello: al medesimo pronome si agganciano a due a due le frasi che spiegano le tre affermazioni. Una riguarda la predizione della prigionia: Voi siete stati separati per il giorno della sventura e vi avvicinate al regno dell'iniquità; un'altra si riferisce alla lussuria: Voi dormite su letti di avorio e vivete da lascivi sui vostri divani; la terza poi si riferisce alla voracità: Voi mangiate gli agnelli del gregge e i vitelli dell'armento 16. In tal modo si lascia alla libertà del

lettore il terminare i membri isolatamente e farne sei ovvero sospendere la voce al primo, al terzo e al quinto, aggiungendo il secondo al primo, il quarto al terzo e il sesto al quinto, facendo in tal modo - e in maniera molto elegante - tre periodi, ciascuno di due membri. Nel primo mostrerebbe la sciagura imminente, nel secondo il letto maculato da lussuria, nel terzo la mensa stracarica di cibi.

Riflessioni su Amos 6, 5-6.

7. 19. Successivamente attacca la voluttà godereccia dell'udito. Dice: Voi cantate al suono del salterio 17. Ma siccome la musica può essere eseguita anche sapientemente e dal sapiente, con stupenda bellezza di eloquio, egli frena l'impeto dell'invettiva e non si rivolge più a loro ma parla di loro per insegnare a noi a distinguere la musica del sapiente dalla musica del gaudente. Non dice pertanto: " Voi che cantate al suono del salterio e come Davide e credete di avere strumenti per il canto ", ma, dopo di avere detto loro ciò che, in quanto sensuali, dovevano udire: Voi che cantate al suono del salterio, indica in qualche modo anche agli altri la loro imperizia e prosegue: Come Davide e credettero di avere strumenti per il canto, mentre bevevano il vino in coppe e si ungevano di pregiatissimo unguento 18. Queste tre frasi si pronunciano meglio se, con una sospensione tra i primi due membri del periodo si fanno finire col terzo.

Riflessioni su Amos 6, 6.

7. 20. A tutte queste espressioni si aggiunge: E per nulla soffrivano dello sfacelo di Giuseppe 19. Che la si pronunci di seguito, di modo che costituisca un solo membro o che, meglio, la si interrompa così: E per nulla soffrivano e dopo la separazione si incalzi: dello sfacelo di Giuseppe, in modo da ottenere un periodo di due membri, il fatto sta che con splendida bellezza non ha detto: " Non soffrivano per nulla per lo sfacelo del fratello " ma, invece di fratello, ha posto Giuseppe. In tal modo ognuno dei fratelli poteva essere indicato dal nome proprio di colui la cui celebrità fu superiore a quella degli altri fratelli, tanto per i mali che subì come per i benefici con cui li ricompensò. Orbene, questo tropo, che fa intendere in Giuseppe qualsiasi altro dei fratelli, non so se lo si insegni in quell'arte di cui sono stato prima discepolo e poi professore. Comunque non occorre che si dica ad alcuno che non se ne avveda da sé personalmente quanto esso sia bello e come faccia impressione in chi lo legge e comprende.

La sapienza e l'eloquenza degli agiografi derivano da Dio.

7. 21. In realtà molte leggi dell'eloquenza si possono riscontrare in questo unico passo che abbiamo preso come esempio; ma il buon uditore non lo si istruisce col sottoporre il brano ad accurate discussioni, quanto

piuttosto lo si entusiasma pronunciandolo con ardente foga. Brani come questo infatti non sono stati composti dall'abilità umana ma sono stati dettati dalla mente di Dio, pieni di sapienza e di eloquenza: non con la sapienza subordinata all'eloquenza, ma con l'eloquenza che non si separa dalla sapienza. Difatti - e l'hanno potuto notare e dire alcuni uomini eloquentissimi e di grande ingegno 20 - le cose che si apprendono nell'arte oratoria non sarebbero osservate e notate e redatte in corpo di dottrina se prima non si trovassero negli ingegni degli oratori. Cosa c'è, quindi, di strano se le si trova anche nei nostri scrittori, mandati da colui che creò le menti? Pertanto, riconosciamo che i nostri autori e maestri canonici sono non solo sapienti ma anche eloquenti, di quella eloquenza che conveniva a tale categoria di persone.

È dono di Dio essere buon interprete della Scrittura.

8. 22. Quanto a noi, siamo soliti prendere degli esempi di eloquenza da quei loro scritti che si comprendono senza difficoltà. Al contrario non riteniamo di doverli imitare in ciò che dissero in maniera oscura con intenti di utilità e di salvezza. Con ciò essi si proponevano di esercitare e, per così dire, limare le menti dei lettori, di escludere il tedio e aguzzare l'ingegno di coloro che volevano apprenderne [il senso], o anche di nasconderlo agli animi degli empi, sia che lo facessero per convertirli a

un profondo senso di rispetto, sia che volessero escluderli dalla comprensione dei misteri. In effetti essi hanno parlato in modo che quanti fra i posteri li avessero capiti ed esposti rettamente fossero meritevoli di conseguire nella Chiesa di Dio una seconda grazia, certo diversa ma conseguente alla loro. Chi pertanto si accinge a spiegarli non deve parlare come se avesse la stessa autorità dei libri che espone; ma in tutti i suoi discorsi si sforzi prima di tutto e soprattutto di far capire i libri stessi. Ciò otterrà, per quanto è possibile, con la chiarezza dell'eloquio, per cui se un uditore non capisce, o dipende dall'essere egli molto tardo d'ingegno ovvero dalla difficoltà ed elevatezza delle cose che intendiamo spiegare e dilucidare, ma non deve esserne motivo il nostro modo di parlare, né deve per questo avvenire che quanto diciamo venga compreso imperfettamente o con ritardo.

Come affrontare le questioni difficili e a chi proporle.

9. 23. Succede a volte d'imbattersi in affermazioni che per la loro indole sono incomprensibili o le si comprendono a mala pena, per quanto sia grande e completo il modo di dire di chi parla e ampia la sua spiegazione. Ora queste cose o molto raramente e solo per necessità o mai assolutamente debbono farsi ascoltare dal popolo. Tutt'altro è dei libri. Essi si scrivono per conquistare il lettore che li comprende;

che se invece non li si comprende, non sono di peso per chi non vuole leggerli. Lo stesso vale per i colloqui con certe persone: non si deve tralasciare il dovere di portare alla comprensione degli altri le verità che, sebbene difficilissime, noi abbiamo penetrato, qualunque sia lo sforzo richiesto dalla esposizione. Se un uditore o un interlocutore è preso dal desiderio di imparare e non è privo di intelletto che gli consenta di recepire le cose che gli sono proposte, colui che insegna non deve preoccuparsi dell'eloquenza con cui insegna ma dell'evidenza che vuol conseguire.

La scrupolosità linguistica ceda all'appropriata comprensione del senso.

10. 24. Il desiderio profondo di [ottenere] questa evidenza porta a volte a trascurare le parole più ricercate e non si prende cura di ciò che suona bene ma di ciò che esprime e manifesta quanto l'oratore ha intenzione di palesare. In ordine a ciò, disse un tale, parlando di questo genere di eloquenza, che c'è in essa una specie di negligenza diligente 21. Questa negligenza però, se esclude il parlare forbito, non lo fa in modo che cada nella banalità. Peraltro nei buoni maestri è, o deve essere, tanta cura che, se una parola non può essere latina senza essere nello stesso tempo oscura o ambigua - mentre se la cosa viene detta in termini popolari si evita e l'ambiguità e l'oscurità - non si deve parlare con il linguaggio dei dotti ma

piuttosto come sogliono i meno istruiti. Così i nostri traduttori non ebbero ritegno di dire: Non congregabo conventicula eorum de sanguinibus 22 [= non radunerò le loro assemblee di sangue], perché ritennero necessario che in quel passo il nome " sangue " fosse usato al plurale, nonostante che in latino lo si usi solo al singolare. Perché un oratore sacro dovrebbe quindi aver paura di dire, parlando a degli incolti, ossum invece di os, per impedire che questa sillaba venga presa come derivante non da quel nominativo il cui plurale è ossa ma da quell'altro da cui deriva il plurale ora, dato che gli orecchi degli africani non sono in grado di percepire la brevità o la lunghezza delle sillabe? Cosa giova infatti una scrupolosità nel parlare che non sia seguita dalla comprensione di chi ascolta, (mentre l'unica ragione del parlare non è assolutamente altra che questa)? Se cioè coloro per i quali noi parliamo in effetti non capiscono il nostro dire? Chi insegna eviterà dunque tutte le parole che non insegnano nulla, e, se in loro vece potrà dirne delle altre corrette e intelligibili, sceglierà queste; se invece non potrà farlo, o perché non ci sono o perché sul momento non gli vengono in mente, si servirà di parole anche meno corrette, purché la cosa in sé sia insegnata e appresa con la necessaria esattezza.

Insistenza doverosa e verbosità nociva.

10. 25. Questa cosa, cioè il farsi capire, dobbiamo ad

ogni costo proporcela non solo nei dialoghi tenuti o con una persona o con molte ma anche, e molto più, quando si tengono discorsi al popolo. In realtà, nei dialoghi ognuno può fare delle interrogazioni, mentre invece là, dove tutti tacciono perché sia udita la voce di uno a cui sono rivolti gli sguardi attenti dell'uditorio, lì non è uso né convenienza porre domande su ciò che non si è compreso. Per questo motivo la premura di chi parla deve con ogni sforzo andare incontro a chi è costretto a tacere. È vero che una folla smaniosa di conoscere suole con determinati gesti indicare se abbia capito, ma finché non lo ha indicato bisogna trattare in molti modi l'argomento che si spiega e sempre con molta varietà di esposizione, cosa impossibile a coloro che espongono cose imparate antecedentemente e mandate a memoria a paroletta. Quando poi ci si accorgerà che l'argomento è stato compreso, si deve o por fine al discorso o passare ad altro tema. Difatti, come è gradito colui che rende chiare le cose da conoscersi, così diviene pesante chi insiste su cose ormai note ripetendole all'ascoltatore le cui attese miravano esclusivamente a che venisse dilucidata la difficoltà di ciò che si stava esponendo. È vero che a volte si parla anche di cose note al fine di dilettare; ma lì non si bada tanto alle cose in se stesse quanto al modo di presentarle. Che se anche questo è conosciuto e piace agli uditori, poco o nulla interessa se chi lo riferisce sia lo stesso oratore o un lettore. In effetti le cose scritte in maniera appropriata vengono poi lette con gusto non solo da coloro che ne vengono a conoscenza per la prima volta ma vengono rilette, non senza pari gusto, anche da coloro che da tempo le conoscevano e non se ne erano dimenticati. Gli uni e gli altri le ascoltano volentieri. Quanto poi alle cose di cui ci si è dimenticati, quando le si ricorda è come se venissero insegnate daccapo. Ma ora non voglio trattare del modo di rendersi piacevoli; parlo solo del modo di insegnare le cose a coloro che desiderano impararle. E il modo migliore è questo: far sì che chi ascolta ascolti la verità e comprenda ciò che ha ascoltato. Quando un tale scopo sia stato raggiunto, non ci si deve affannare più oltre intorno alla stessa cosa, quasi per insegnarla più diffusamente, ma si deve solo - se del caso - raccomandarla perché si fissi nel cuore. Che se si riterrà opportuno fare questo, lo si faccia con moderazione per non tediare.

L'eloquenza rende manifesto ciò che è oscuro.

11. 26. In fatto di insegnamento l'eloquenza consiste precisamente in questo: parlare non perché piaccia ciò che incuteva orrore né perché si compia ciò che creava difficoltà, ma perché appaia manifesto ciò che era oscuro. Se tuttavia questo si fa in maniera sgradevole, il suo frutto è percepito solo da quei pochi appassionati che desiderano sapere le cose da apprendersi anche se dette in modo scadente e disadorno. Quando si sono appropriati della verità, si

nutrono del gusto di lei, poiché la nota caratteristica dei buoni ingegni sta in questo: nelle parole, amare la verità non le parole. Cosa giova infatti una chiave d'oro se non è in grado di aprire ciò che vorremmo? O che male c'è se una chiave è di legno ma riesce ad aprire? In effetti noi non ci preoccupiamo d'altro che di aprire ciò che è chiuso. Ma poiché hanno fra loro una certa somiglianza quelli che mangiano e quelli che apprendono, ecco che per evitare il disgusto dei più si debbono condire anche quegli alimenti senza i quali non si può vivere.

L'oratore deve istruire, piacere, convincere.

12. 27. Un personaggio celebre per la sua eloquenza ha detto - e diceva la verità - che l'oratore deve parlare in modo da istruire, da piacere e da convincere. E aggiungeva: Istruire è necessità; piacere, dolcezza; convincere, vittoria 23. Di queste tre cose quella che è stata segnalata al primo posto, cioè la necessità di istruire, appartiene all'essenza stessa delle cose che diciamo, mentre le altre due riguardano il modo come le diciamo. Chi dunque parla allo scopo di istruire, finché non è stato compreso non ritenga di aver comunicato il suo sapere a colui che si proponeva di istruire. In effetti, sebbene abbia detto le cose che egli personalmente comprende, non deve ritenere di averle dette a colui

dal quale non è stato compreso. Se al contrario è stato compreso, in qualunque modo le abbia dette le ha dette bene. Se invece vuol dilettare o convincere colui a cui parla, ciò otterrà non parlando come gli viene sulla lingua ma ricercando anche il modo di porgere. Pertanto come si deve piacere all'uditore per cattivarsene l'ascolto così lo si deve convincere per farlo passare all'azione; e come gli si piace parlando con gradevolezza, così lo si convince se si riuscirà a fargli amare quel che gli si promette, a temere ciò che gli si minaccia, a odiare ciò che gli si rimprovera, ad accettare ciò che gli si raccomanda, a dolersi di ciò che a fosche tinte gli si descrive come spiacevole. Così quando predichi che goda di ciò che procura gioia, che abbia compassione di coloro che a parole gli dipingi come persone meritevoli d'essere compatite, che eviti coloro che spaventandolo gli proponi di dover fuggire. Lo stesso si dica di ogni altra cosa che con l'eloquenza solenne può conseguirsi in ordine all'eccitare gli animi degli uditori non a conoscere ciò che si deve fare, ma a fare ciò che già conoscono come necessario a farsi.

Il compito primario dell'oratore è istruire.

12. 28. Se peraltro gli uditori ancora non conoscono [la cosa], è necessario, certo, che prima li si istruisca e poi commuova. E può capitare che, conosciute in se stesse le cose, se ne entusiasmino in modo che non occorra spronarli con maggiore sforzo di eloquenza.

Quando invece è necessario, lo si deve fare, e la necessità sussiste quando, pur conoscendo quel che è da farsi, in realtà essi non lo fanno. Da ciò appare come l'istruire sia una cosa necessaria, in quanto gli uomini possono fare o non fare quel che conoscono, mentre chi direbbe che essi sono obbligati a fare quel che non conoscono? Ne segue che il convincere non sempre è di necessità, in quanto non sempre ne sussiste il bisogno: così nel caso che l'uditore abbia dato l'assenso all'oratore che insegna o riesce ad attirare piacevolmente. Che poi il consentire rappresenti la vittoria lo si ricava dal fatto che uno può insegnare e piacere ma non ottenere l'assenso. E allora cosa giovano le altre due cose, se manca questa terza? Ma nemmeno il piacere è cosa strettamente necessaria. Può succedere infatti che nello stesso discorso divenga palese la verità, e fin qui si resta nell'ambito dell'insegnamento. Non si tratta quindi del modo di parlare, né si bada a che rechi gusto o la verità o il modo di porgerla, ma sono le cose che di per se stesse, una volta chiarite, recano diletto, per essere conformi a verità. Ecco perché capita, e di frequente, che piacciano anche le cose false, una volta chiarite e dimostrate. Non piacciono perché sono false ma, essendo vero che sono false, piace l'argomentazione per la quale si dimostra essere vera la loro falsità.

Per ottenere conseguenze pratiche positive occorrono varie doti nell'oratore.

13. 29. Per andare incontro a quei tali cui, per essere schizzinosi, la verità non piacerebbe se la si presentasse in qualsiasi modo, ma la si deve porgere solo in modo che insieme piaccia anche il discorso dell'oratore, è stata attribuita nell'eloquenza non piccola importanza anche alla piacevolezza del dire. Questa tuttavia, anche se presente, non basta per certi animi induriti cui non reca giovamento né l'aver capito né l'aver gustato l'eloquenza dell'oratore. Che vantaggio infatti recano queste due doti del discorso all'uomo che confessa la verità e loda l'eloquenza, tuttavia non presta l'assenso, che è l'unico scopo a cui tende l'oratore nelle cose che dice volendo creare una persuasione? Se si insegnano infatti cose in cui sia sufficiente credere o conoscere, il consentire ad esse altro non è che confessare la loro verità; ma quando si insegnano cose che si debbono fare e le si insegna appunto perché le si faccia, è vano rendere l'uditore persuaso della verità di ciò che si dice, è vano anche il fatto che piaccia il modo di porgere, se le cose non le si imparano in modo che vengano tradotte in pratica. Occorre dunque che l'oratore ecclesiastico, quando inculca cose da praticarsi, non solamente insegni per istruire o piaccia per impressionare ma anche che convinca in modo da vincere [le resistenze]. Se infatti in un uditore la verità esposta anche con l'aggiunta d'una suadente dizione non

consegue l'effetto d'essere accettata, non resta che lo si pieghi a prestare il consenso mediante la forza di una eloquenza solenne.

L'eloquenza sia usata per inculcare cose vere e sante.

14. 30. All'incanto di quest'arte è stato attribuito dalla gente tanto pregio che con essa vengono persuase non solo cose da non farsi, ma anche molti e gravi mali e turpitudini, che sono da fuggirsi e detestarsi. Cose di questo genere sono, viceversa, insegnate da gente cattiva e turpe con tanta eloquenza che, se loro non si consente, almeno vi si prova diletto a leggiucchiarle. Peraltro allontani Dio dalla sua Chiesa ciò che il profeta Geremia diceva rimproverando la sinagoga dei Giudei: Cose spaventose e orribili sono avvenute sulla terra: i profeti profetavano cose inique e i sacerdoti applaudivano con le loro mani e il mio popolo amò tutto questo. E che farete per l'avvenire? 24 O eloquenza tanto più tremenda quanto più pura, e quanto più solida tanto più veemente! Vera scure che spezza le pietre! A tale scure, disse Dio in persona per bocca dello stesso Profeta 25, è simile la sua parola proferita ad opera dei santi Profeti. Lungi dunque, lungi da noi la disgrazia che i sacerdoti applaudano a chi dice cose inique e il popolo di Dio le ami! Lungi da noi, dico, tanta follia! Cosa dovremmo fare quindi per l'avvenire? Ammesso pure che le parole siano meno comprese, piacciano di

meno e stimolino di meno, tuttavia le si dicano lo stesso, e che siano ascoltati volentieri gli insegnamenti giusti e non quelli iniqui: cosa che certo non avverrebbe se non venissero detti con finezza oratoria.

Un'eloquenza pomposa non si addice all'oratore cristiano.

14. 31. In una assemblea di gente seria - di cui è detto a Dio: Ti loderò in mezzo ad un popolo serio 26 - non è gradita nemmeno quella artificiosità con cui si parla di cose certo non cattive, ma si adornano di veste pomposa le cose ordinarie e banali, come non si adornerebbero opportunamente e seriamente nemmeno le cose grandi e consistenti. Qualcosa del genere è in una lettera del beato Cipriano: e ciò io credo essere capitato, o anche fatto di proposito, affinché si sapesse dai posteri come il rigore della dottrina cristiana abbia distolto la lingua da simili ridondanze e l'abbia ristretta nell'ambito di una eloquenza più seria e moderata. Tale è appunto l'eloquenza che si riscontra nelle sue lettere successive e che si ama serenamente, si desidera con religiosità, anche se si raggiunge con difficoltà. Diceva dunque in un noto passo: Dirigiamoci a questa sede; i dintorni solitari ci consentono d'appartarci; là le volute vaganti dei tralci si distendono con nodi pendenti fra le canne che le reggono e con tetti frondosi fanno un portico risultante di viti 27. Cose

come queste non si dicono senza una fecondità mirabilmente copiosa di eloquenza, ma per essere eccessivamente cariche sconvengono alla gravità [del discorso]. Quanto a quelli che amano questo modo di fraseggiare, nei confronti di chi non parla così ma si esprime più sobriamente riterranno che costoro sono incapaci di usare tale eloquenza, non che la evitano di proposito. Contro di ciò notiamo che quell'uomo santo mostrò e di sapersi esprimere con ricercatezza, perché lo fece in qualche brano, e di rifuggire da tale gergo, poiché in seguito non lo si trova più.

Prima di tenere il discorso occorre pregare il Padre della luce.

15. 32. Il nostro oratore dunque parlerà di cose giuste, sante e buone - di null'altro infatti deve parlare -; e parlando di queste cose userà ogni risorsa possibile perché lo si ascolti in maniera comprensibile, con piacere e con docilità. Il fatto poi che riesca a tanto - se ci riesce e nei limiti entro i quali ci riesce - non dubiti di attribuirlo più alla devozione nella preghiera che non alle risorse oratorie: per cui, dovendo pregare e per sé e per coloro ai quali rivolgerà la parola, sarà prima uomo di preghiera che predicatore. Avvicinandosi l'ora di parlare, prima di muovere la lingua per parlare sollevi a Dio l'anima assetata, in modo che proferisca quel che ha bevuto e versi ciò che lo riempie. In effetti, su ogni argomento che tocchi il campo della fede e della carità ci molte sono

le cose da dire e molti i modi con cui le può dire chi
le conosce. Ora chi potrebbe valutare rettamente cosa
noi dobbiamo dire volta per volta o cosa si aspettano
gli uditori di ascoltare da noi all'infuori di colui che
penetra i cuori di tutti? E chi fa sì che noi diciamo
quel che occorre e com'è necessario se non colui nelle
cui mani siamo noi e tutti i nostri discorsi 28?
Pertanto chi vuol conoscere la verità e insegnarla
impari, certo, tutto ciò che deve insegnare; si procuri
una capacità espressiva quale conviene ad un uomo di
Chiesa; ma giunto il momento di dover parlare, pensi
che a una mente bene intenzionata conviene regolarsi
come diceva il Signore: Non pensate a cosa o a come
dovete parlare; vi sarà dato infatti in quel momento
ciò che dovete dire, poiché non siete voi a parlare ma
parla in voi lo Spirito del Padre 29. Se è dunque lo
Spirito Santo colui che parla in coloro che per Cristo
vengono consegnati ai persecutori, perché non
dovrebbe essere lo stesso Spirito Santo a parlare in
coloro che presentano Cristo a chi lo vuole
conoscere?

Il dovere della predicazione è indispensabile e sublime.

16. 33. Chi poi dice che non occorrono norme sugli
argomenti che si debbono insegnare o sul come
insegnarli per il fatto che è lo Spirito Santo a renderci
maestri, potrebbe anche dire non essere necessario
nemmeno pregare perché il Signore dice: Il Padre

vostro sa ciò di cui avete bisogno prima ancora che glielo chiediate 30. Allo stesso modo si dovrebbe dire che l'apostolo Paolo non doveva prescrivere a Timoteo e a Tito cosa e come insegnare agli altri. Sono viceversa queste tre lettere dell'Apostolo quelle che deve avere sempre dinanzi agli occhi colui che nella Chiesa ha ricevuto l'incarico di ammaestrare. Non si legge infatti nella Prima Lettera a Timoteo: Annunzia queste cose e insegna 31? Quali poi siano queste cose, è stato detto sopra. Non si legge ancora nella stessa: Non rimproverare un presbitero ma scongiuralo come un padre 32? E nella Seconda Lettera non gli si dice: Conserva la forma delle parole salutari che hai udite da me 33? E ancora nella medesima: Fa' del tutto per presentarti a Dio come ministro accetto, che non si vergogna ma tratta fedelmente la parola di verità 34? In essa è anche scritto: Predica la parola, insisti a tempo opportuno e inopportuno, ammonisci, scongiura, rimprovera con ogni pazienza e sapienza 35. Lo stesso nella Lettera a Tito. Non vi dice forse che il vescovo deve insistere con le sue parole nella dottrina della fede, sì da essere energico nella sana dottrina e riprendere chi la contraddice 36? Vi dice ancora: Tu peraltro di' le cose che sono conformi alla sana dottrina: che i vecchi siano sobri 37, con quel che segue. E ancora: Parla di queste cose, esorta e rimprovera con grande autorità 38. Nessuno ti disprezzi. Esortali ad essere sottomessi ai sovrani e

alle autorità 39, eccetera. Che pensare dunque? Forse
che l'Apostolo sia in contrasto con se stesso quando,
dopo aver detto che i maestri della Chiesa sono mossi
dall'azione dello Spirito Santo, comanda loro cosa e
in che modo debbano insegnare? O non sarà piuttosto
da intendersi che il compito di certi uomini, favoriti
di doni dello Spirito Santo, non può non estendersi
anche all'istruzione degli stessi maestri, sebbene resti
vero che né chi pianta è qualcosa né chi irriga ma Dio
che fa crescere 40? Ecco perché, sebbene ci sia il
ministero di santi uomini o anche l'intervento degli
angeli santi, nessuno apprende rettamente quanto
concerne la vita di unione con Dio se da Dio non è
reso docile a Dio, al quale si dice nel
salmo:Insegnami a compiere il tuo volere poiché tu
sei il mio Dio 41. Nello stesso senso l'Apostolo dice
ancora a Timoteo, parlando da maestro a
discepolo:Tu però persevera nelle cose che hai
imparate e sono state a te affidate sapendo da chi le
hai apprese 42. Succede qui come nei medicamenti:
applicati dagli uomini ad altri uomini, non fanno
effetto se non in coloro cui Dio concede la salute. Dio
può certo guarire anche senza medicine, mentre le
medicine senza di lui non valgono a nulla, anche se
occorre usarle, e, se si esercita la medicina per
compiere un dovere, ciò è considerato come un'opera
di misericordia o di carità. Lo stesso è degli aiuti
prestati con l'insegnamento. Somministrati tramite
l'uomo, essi giovano all'anima se Dio interviene per

farli giovare: quel Dio, dico, che avrebbe potuto dare all'uomo il suo Vangelo anche senza l'uomo e il suo intervento.

Triplice funzione dell'oratoria e stile corrispondente.

17. 34. Pertanto colui che nel suo dire si prefigge di persuadere con ogni sforzo ciò che è buono, senza disprezzare nessuna delle tre cose, cioè insegnare, piacere e convincere, preghi e si dia da fare perché, come abbiamo detto, venga ascoltato con intelligenza, volentieri e con docilità. Che se riesce a far questo adeguatamente e convenientemente, meriterà il nome di persona eloquente, anche se non seguirà l'assenso nell'uditore. Sembra inoltre che a queste tre finalità, cioè insegnare, piacere e convincere, si riallaccino anche le altre tre elencate da quel celebre autore di eloquenza romana quando diceva: Sarà dunque eloquente colui che saprà dire le cose piccole in tono dimesso, le cose di modeste in tono moderato, le cose grandi con eloquenza solenne 43. È come se volesse aggiungere anche le altre tre cose e così spiegasse la stessa e identica massima dicendo: Sarà dunque eloquente colui che nell'insegnare sa dire le cose piccole in stile dimesso, per piacere sa dire le cose di media levatura in tono moderato, per convincere sa dire le cose grandi con eloquenza solenne.

La gravità dei temi religiosi esige sempre un dire elevato.

18. 35. Quel nominato autore avrebbe potuto mostrare come le tre forme del dire da lui descritte si usano nelle cause forensi, non però qui, cioè nelle problematiche ecclesiastiche dove si svolge il discorso di colui che noi vogliamo addestrare. Là infatti si discute di cose piccole quando il giudizio verte su problemi di denaro, di cose grandi invece quando ne va di mezzo l'incolumità o la vita umana. Quando poi non si deve giudicare né del primo né del secondo argomento e non si tratta di cose che l'uditore deve fare o decidere ma è solo questione di solleticare il gusto, si è come nel mezzo fra i due estremi e perciò quella eloquenza fu chiamata " modesta ", cioè misurata. Il termine modus (" misura ") ha dato il nome a modicis (" misurato "). Infatti usiamo modica come sinonimo di parva in modo ingiustificato, non in senso proprio. Viceversa è dei nostri discorsi, in quanto tutte le cose che diciamo, specie quelle che predichiamo al popolo dall'ambone, le dobbiamo riferire alla salute degli uomini, e non alla salute temporale ma alla salvezza eterna (diciamo anche che occorre evitare la rovina eterna), sicché tutte le cose che diciamo sono grandi. Le stesse cause pecuniarie, concernenti cioè il guadagnare o perdere soldi, quando ne parla un oratore ecclesiastico non si possono considerare come piccole cose, sia che si tratti di una somma piccola come di una somma

grande. Non è infatti piccola la giustizia che, naturalmente, dobbiamo rispettare anche quando si tratta di piccole somme di denaro, dicendoci il Signore: Chi è fedele nel poco è fedele anche nel molto 44. Pertanto ciò che è insignificante è insignificante ma essere fedeli nelle cose insignificanti è una cosa grande. Difatti, come la ragione formale della rotondità, che cioè dal centro tante linee uguali si protendano verso l'esterno, è identica in un grande disco e in una piccola moneta, così, quando si compiono con giustizia le cose piccole, non per questo diminuisce la grandezza della giustizia stessa.

Conferma desunta da 1 Cor 6, 1-9.

18. 36. Parlando dei giudizi profani (e quali saranno stati se non quelli pecuniari?), l'Apostolo dice: C'è forse qualcuno in mezzo a voi che, avendo una controversia con un altro, osi essere giudicato dagli iniqui e non presso i santi? O non sapete che i santi giudicheranno il mondo? E se da voi è giudicato il mondo sarete incapaci di giudicare cose da nulla? Non sapete che giudicheremo gli angeli? Quanto più dunque le cose secolari! Se dunque avrete dei giudizi su cose secolari, stabilite come giudici i più spregevoli della comunità. Lo dico a vostra vergogna. Possibile che non ci sia tra voi un qualche sapiente che possa far da giudice tra i fratelli? Ma ecco che un fratello contende col suo fratello, e il giudizio si fa di

fronte agli infedeli! Ora è già uno smacco che abbiate litigi fra voi. Perché piuttosto non sopportate l'ingiustizia? Perché non vi lasciate piuttosto defraudare? Ma ecco che voi compite l'iniquità e frodate, e questo a dei fratelli! O non sapete forse che gli iniqui non erediteranno il Regno di Dio? 45 Cos'è che suscita tanto sdegno nell'Apostolo? Che cosa egli riprende, rimprovera, sgrida, minaccia? Quale moto del suo animo egli denuncia con un'alterazione della voce così variata e così rude? Come mai, infine, impiega parole tanto solenni per cose così trascurabili? Tanta foga avrebbero dunque provocato in lui affari terreni? No di certo! Ma egli parla così a motivo della giustizia, della carità, della fede, le quali cose, senza che alcuno sano di mente possa dubitarne, anche nelle questioni piccole sono realtà importanti.

Siccome noi parliamo del Vangelo, il nostro dire verte sempre su cose importanti.

18. 37. Certamente, se ammonissimo i lettori sul modo come debbono trattare gli affari mondani, o per sé o per i propri familiari, dinanzi ai giudici ecclesiastici, giustamente li esorteremmo a presentare le cose con tono dimesso, essendo appunto cose di poco conto. Ma parlando noi qui del modo di esprimersi di colui che vogliamo sia maestro di quelle verità per le quali si è liberati dai mali eterni e si perviene ai beni eterni, ogniqualvolta si tratta di queste cose, o dinanzi al popolo o in privato, sia che

ci si rivolga a uno sia a più, sia con amici che con nemici, sia in un discorso prolungato sia in un dialogo, sia in trattati sia in libri, sia in lettere o molto lunghe o molto brevi, si tratta sempre di cose grandi. Forse dare un bicchiere di acqua fresca è una cosa minima e di nessun valore; ma il Signore non disse una cosa minima e insignificante quando asserì che chi l'avesse dato a un suo discepolo non avrebbe perso la sua ricompensa 46. Se, pertanto, il nostro dottore parlerà di questo tema nella Chiesa, non dovrà ritenere che parla di una cosa piccola, e quindi può parlarne non con eloquenza temperata né con eloquenza solenne ma con tono dimesso. Quando parlammo al popolo di questo tema, e Dio mi assisté perché non ne parlassi con parole inadeguate, non accadde forse che da quell'acqua fredda - diciamo così - si sollevasse una enorme fiamma 47, tale da accendere, con la speranza della ricompensa celeste, anche i cuori di uomini freddi e spingerli a compiere opere di misericordia?

Uno stesso argomento può presentarsi in toni diversi.

19. 38. Sebbene il nostro dottore debba parlare di cose grandi, non sempre deve dirle con eloquenza solenne, ma con stile dimesso quando insegna e con tono temperato quando rimprovera o elogia alcunché. Quando invece si tratta di cose da farsi e il discorso è rivolto a persone che dovrebbero farle ma non

vogliono, allora dette cose, che sono grandi, le si deve dire con eloquenza solenne, capace di piegare gli animi. Capita a volte che di un e identico argomento, di per sé elevato, si debba parlare con stile dimesso, se lo si insegna; in tono temperato se lo si predica; e con eloquenza solenne se si tratta di far tornare indietro un animo traviato. Cosa c'è infatti più grande di Dio? E non sarà, per questo, oggetto di apprendimento? Ovvero chi insegna l'unità nella Trinità non dovrà trattarne in tono dimesso, di modo che il tema, di per sé difficile a conoscersi, possa essere compreso, nei limiti del possibile? O che si dovranno in tal caso ricercare i fronzoli e non gli argomenti? O che si tratta forse di piegare l'uditore perché faccia qualcosa o non piuttosto istruirlo perché impari? Viceversa, quando si loda Dio o in se stesso o nelle sue opere, quale forma di elocuzione bella, anzi splendida, non sorge dalle labbra di colui che riesce a lodarlo quanto gli è possibile, pur essendo vero che nessuno lo sa lodare come meriterebbe e tuttavia nessuno può non lodarlo? Se invece non lo si adora o insieme con lui o al di sopra di lui si adorano gli idoli o i demoni o qualsiasi altra creatura, questo è un grande disordine, e al fine di distorglierne gli uomini si deve senz'altro parlarne con eloquenza solenne.

Esempio di stile dimesso (Gal 3, 15-22).

20. 39. Un esempio di stile dimesso si ha nell'apostolo Paolo - tanto per riferire una cosa a tutti accessibile -

là dove dice: Ditemi, voi che volete essere sotto la legge: non avete ascoltato la legge stessa? Sta scritto infatti che Abramo ebbe due figli, uno dalla schiava e uno dalla donna libera. Ma quello della schiava è nato secondo la carne, quello della donna libera in virtù della promessa. Ora tali cose sono dette per allegoria. Le due donne infatti rappresentano le due alleanze; una, quella del monte Sinai, che genera nella schiavitù, rappresentata da Agar. Il Sinai infatti è un monte nell'Arabia, e corrisponde alla Gerusalemme di adesso, la quale è serva insieme con i suoi figli. Invece la Gerusalemme di lassù è libera ed è la nostra madre 48. E parimenti là dove argomenta dicendo: Fratelli, parlo a modo umano, ma un patto stabilito tra uomini nessuno lo annulla o ci fa delle aggiunte. Ora ad Abramo furono annunciate delle promesse, a lui e alla sua discendenza. Non dice: Ai suoi discendenti come se fossero molti, ma a uno solo: alla sua discendenza, che è Cristo. Ora io dico questo: un patto stabilito da Dio, una legge venuta quattrocentotrent'anni dopo non lo annulla sì da rendere vana la promessa. Se l'eredità fosse dalla legge, non sarebbe più dalle promesse; ma ad Abramo l'ha data Dio, in virtù della promessa 49. E perché l'uditore poteva pensare: Perché dunque è stata data la legge, se da essa non deriva l'eredità?, egli stesso si pone questa difficoltà e risponde a modo di interrogazione: A qual fine dunque la legge? E immediatamente risponde: È stata accordata in ordine alle trasgressioni, finché venisse il discendente a cui era stata fatta la promessa, donata per mezzo di angeli ad opera di un mediatore. Ma non si dà mediatore di chi è solo, mentre Dio è uno solo 50. E qui veniva la domanda che l'Apostolo si era posto da sé: La legge è dunque in contrasto con le promesse di Dio? E risponde: Assolutamente no! E motivando l'affermazione dice: Se infatti fosse stata data una legge capace di dare la vita, la giustizia sarebbe certo derivata dalla legge. Ma la Scrittura racchiude tutto nel peccato affinché la promessa fosse data ai credenti mediante la fede in Gesù Cristo 51. E ci sono altri esempi di questo genere. Rientra dunque nel compito di insegnare non solo rendere palesi le cose nascoste e sciogliere i nodi delle questioni ma anche ovviare alle altre questioni che, mentre si trattano le une, possano eventualmente presentarsi, affinché quel che veniamo dicendo non sia oppugnato o rigettato sulla base di queste ultime. A una condizione tuttavia, e cioè che la loro soluzione ci venga prontamente alla memoria e non siamo turbati dal fatto che ciò che non possiamo risolverle tutte. Succede infatti che alla questione [che si tratta] sopraggiungano altre questioni e a queste seconde, altre ancora. A trattarle e risolverle tutte si prolunga troppo il ragionamento e si richiede troppa attenzione, tanto che, se la memoria non è veramente forte e robusta, il trattatista non può ritornare agli inizi donde era sorto il problema. È quindi molto bene refutare [subito] la difficoltà, se viene in mente come farlo, perché non succeda di ricordarsene quando non c'è chi risponda o ci si ricordi quando l'obiettore è presente ma è ormai azzittito, sicché se ne parta senza essere stato sufficientemente guarito [del suo dubbio].

Esempi di stile temperato, presi da S. Paolo.

20. 40. Esempio di stile temperato si ha in queste parole dell'Apostolo: Non riprendere aspramente un anziano ma scongiuralo come un padre, i più giovani come fratelli, le anziane come madri, le giovani come sorelle 52. E in quelle altre: Vi scongiuro, fratelli, per la misericordia di Dio, di offrire i vostri corpi come ostia vivente, santa, accetta a Dio 53. E quasi l'intero brano di questa esortazione è in stile temperato: le parti più belle sono quelle in cui le cose simili si accoppiano armoniosamente alle simili, come i debiti quasi a loro restituzione. Tali sono anche le espressioni del brano seguente: Avendo doni diversi secondo la grazia data a ciascuno: chi ha il dono della profezia la eserciti secondo la misura della fede; chi ha un ministero, attenda al ministero; chi l'insegnamento, all'insegnamento; chi l'esortazione, all'esortazione; chi dà, lo faccia con semplicità; chi presiede, lo faccia con diligenza; chi fa opere di misericordia, le compia con gioia. La carità non abbia finzioni: fuggite il male con orrore, attaccatevi al bene; amatevi gli uni gli altri con affetto fraterno, gareggiate nello stimarvi a vicenda. Non siate pigri nello zelo; siate invece ferventi nello spirito, servite il

Signore. Siate lieti nella speranza, forti nella tribolazione, perseveranti nella preghiera, solleciti per le necessità dei fratelli, premurosi nell'ospitalità. Benedite quelli che vi perseguitano, benedite e non maledite. Rallegratevi con quelli che sono nella gioia, piangete con quelli che sono nel pianto; abbiate i medesimi sentimenti gli uni per gli altri. E con quanta bellezza tutte queste espressioni, così prolungate, terminano con quel periodo a due membri: Non avendo sentimenti di orgoglio, ma piegandovi a cose umili 54! E poco dopo dice: In questo perseverate: rendete a tutti quello che è loro dovuto: a chi il tributo il tributo, a chi la tassa la tassa, a chi il timore il timore, a chi l'onore l'onore. Tutte queste raccomandazioni, sparse membro a membro, vengono riepilogate e concluse con un periodo circolare di due membri: Non abbiate con alcuno nessun debito all'infuori di quello d'un amore vicendevole 55. E poco più avanti dice: La notte è passata e il giorno si è avvicinato. Gettiamo via perciò le opere delle tenebre e indossiamo le armi della luce; camminiamo con onestà come durante il giorno; senza orge e ubriachezze; senza vizi e immoralità; senza litigi ed invidie, ma rivestitevi del Signore Gesù Cristo e le voglie della carne evitate di soddisfarle mediante la concupiscenza 56. Che se qualcuno avesse detto: " E non soddisfate le voglie della carne mediante la concupiscenza ", avrebbe senz'altro accarezzato l'udito con una chiusa più prolungata, ma il saggio traduttore ha preferito ritenere anche l'ordine delle parole. Come suonino queste parole nella lingua greca, in cui scrisse l'Apostolo, lo vedano coloro che in questa lingua sono esperti fino a distinguere tali finezze; quanto a me, la traduzione che ho fatta seguendo alla lettera l'ordine delle parole non mi sembra che scorra ritmicamente.

Nella Scrittura solo raramente sono osservate le leggi della prosodia e metrica.

20. 41. Effettivamente, questi abbellimenti stilistici che consistono in cesure basate su numero e quantità bisogna dire che mancano nei nostri autori. Questo, se sia opera del traduttore ovvero - come ritengo più probabile - se essi stessi di proposito hanno evitato tali finezze che pur avrebbero loro meritato del plauso, non ardisco definirlo, poiché debbo confessare d'ignorarlo. Una cosa sola io so: che cioè, una persona esperta di prosodia e metrica volesse strutturare la frase secondo le norme di queste scienze - cosa che è facilissimo fare: basta spostare alcune parole, che hanno valore solo per il loro significato, o mutare l'ordine in cui le medesime si trovano - si accorgerà che a quegli uomini divini non mancò nessuna delle cose che nelle scuole dei grammatici o dei retori si sogliono ritenere di grande importanza. Vi troverà inoltre molte specie di locuzioni di bellezza così elevata - sono belle nella nostra lingua ma soprattutto nella loro - che non si trovano per

nulla nelle letterature di cui i profani vanno tanto orgogliosi. Occorre tuttavia stare in guardia per non sminuire la portata di quelle sentenze divine e profonde mentre le si vuole sottoporre alla cadenza numerata. In realtà l'arte musicale, dove si applica in pieno la scienza dei numeri, non mancò ai nostri Profeti. Tant'è vero che quell'uomo dottissimo che è Girolamo ha sottolineato esservi anche della metrica, almeno per quanto riguarda la lingua ebraica 57, e per conservarne la verità nelle parole non ne ha voluto fare la traduzione. Quanto a me, per dire quel che sento e che mi è noto più che non lo sia agli altri e più che non l'opinione degli altri, non tralascio nel mio dire - per quanto modestamente ritengo di saper fare - queste cadenze ritmate, e mi piace moltissimo se riesco a trovarle anche nei nostri autori, e proprio perché ve le trovo assai di rado.

Lo stile solenne è talvolta richiesto nell'oratore sacro.

20. 42. Vi è poi lo stile solenne, che dista da quello temperato non tanto per il fatto che si adorna di parole eleganti ma perché esprime violenti affetti dell'animo. Accoglie, è vero, in sé quasi tutti gli abbellimenti formali, ma se non li ha, non ne va in cerca. È mosso infatti dal suo stesso impeto e, se assume eventualmente la bellezza dello stile, le assume perché sospinta dalla sua veemenza intrinseca, non perché vada in cerca di abbellimenti.

Per ciò che tratta gli è sufficiente che le parole opportune non vengano scelte come esigenza di espressione ma conseguano l'ardore del cuore. In effetti, se un uomo forte e ardente nel combattere viene armato con una spada d'oro e tempestata di gemme, compie quello che con tali armi si può compiere, e lo compie non perché esse siano preziose ma perché sono armi. Quanto a lui, è sempre lo stesso ma compirà grandissime gesta quando nel vibrare il colpo l'ira gli fa sospingere la freccia 58. L'Apostolo tratta del tollerare pazientemente tutti i mali della vita presente per il servizio al Vangelo forti della consolazione che viene dai doni di Dio. L'argomento è importante e lo si tratta con eloquenza solenne dove non mancano gli ornamenti della retorica. Dice: Ecco ora il tempo favorevole, ecco ora il giorno della salvezza. Non diamo ad alcuno motivo di inciampo perché non venga vituperato il nostro ministero, ma in ogni cosa raccomandiamo noi stessi come ministri di Dio con grande costanza, in mezzo alle tribolazioni, alle necessità, alle angustie, sotto i colpi, nelle prigionie, nelle sommosse, tra le fatiche e le veglie e i digiuni; vivendo in castità, con conoscenza, con longanimità e con dolcezza nello Spirito Santo, in amore sincero, con la parola della verità e la virtù di Dio; mediante le armi della giustizia, armi di offesa e difesa; fra la gloria e l'ignominia, fra la calunnia e la lode; come seduttori eppure veritieri; come ignoti eppur ben conosciuti; come moribondi ma siamo pur vivi; come castigati, ma non siamo messi a morte; come addolorati, eppure sempre lieti; come miserabili, ma facciamo ricchi molti; come gente che non ha nulla, eppure possediamo ogni cosa. Vedi ancora il suo ardore: La nostra bocca è aperta a voi, Corinzi; il nostro cuore si è dilatato 59, con tutto il resto che sarebbe lungo aggiungere.

Rm 8, 28-39: bell'esempio di eloquenza solenne.

20. 43. Non diversamente nella Lettera ai Romani tratta delle persecuzioni di questo mondo e come le si vince con la carità, poggiata sulla speranza certa dell'aiuto divino. Il suo dire è solenne e forbito. Sappiamo - dice - che a quanti amano Dio tutto concorre al bene, a coloro cioè che sono stati chiamati secondo il suo disegno. Poiché quelli che egli da sempre ha conosciuto li ha anche predestinati ad essere conformi all'immagine del Figlio suo, perché egli sia il primogenito tra molti fratelli; quelli poi che ha predestinati li ha anche chiamati; quelli che ha chiamati li ha anche giustificati; quelli che ha giustificati li ha anche glorificati. Che diremo dunque in proposito? Se Dio è per noi, chi sarà contro di noi? Egli che non ha risparmiato il proprio Figlio ma lo ha dato per tutti noi, come non ci donerà ogni cosa insieme con lui? Chi accuserà gli eletti di Dio? Dio giustifica. Chi condannerà? Cristo Gesù, che è morto, anzi che è risuscitato, sta alla destra di Dio e intercede per noi? Chi ci separerà dunque dall'amore di Cristo?

Forse la tribolazione, l'angoscia, la persecuzione, la fame, la nudità, il pericolo, la spada? Proprio come sta scritto: " Per causa tua siamo messi a morte tutto il giorno, siamo trattati come pecore da macello " 60. Ma in tutte queste cose noi siamo più che vincitori per virtù di colui che ci ha amati. Io sono infatti persuaso che né morte, né vita, né angeli, né principati, né presente, né avvenire, né potenze, né altezza, né profondità, né alcun'altra creatura potrà mai separarci dall'amore di Dio, in Cristo Gesù nostro Signore 61.

Gal 4, 10-20: altro esempio di eloquenza solenne.

20. 44. La Lettera ai Galati è scritta per intero in stile dimesso, ad eccezione delle ultime parti, dove lo stile è temperato. L'autore tuttavia ad un certo punto vi inserisce un brano così carico di sentimenti che, sebbene privo di tutti quegli abbellimenti che si trovano nei passi ora citati, non potrebbe essere qualificato se non come di stile solenne. Dice: Osservate i giorni e i mesi e gli anni e le stagioni. Ho paura per voi; temo di essermi affaticato invano per voi. Siate come me, ve ne prego, poiché anch'io sono stato come voi. Fratelli, non mi avete offeso in nulla. Sapete che fu a causa di una malattia del corpo che vi annunziai la prima volta il Vangelo; e quella che nella mia carne era per voi una prova non l'avete disprezzata né respinta, ma al contrario mi avete accolto come un angelo di Dio, come Cristo

Gesù. Dove sono dunque le vostre felicitazioni? Vi rendo testimonianza che, se fosse stato possibile, vi sareste cavati anche gli occhi per darmeli. Sono dunque diventato vostro nemico dicendovi la verità? Costoro si dànno premura per voi, ma non onestamente; vogliono estraniarvi [da me] perché mostriate zelo per loro. È bello invece essere circondati di premure nel bene sempre e non solo quando io mi trovo presso di voi, figlioli miei, che io di nuovo partorisco nel dolore finché non sia formato Cristo in voi! Vorrei essere vicino a voi in questo momento e poter cambiare il tono della mia voce, perché non so cosa fare a vostro riguardo 62. Forse che qui ci sono delle antitesi o le parole sono collocate secondo una certa gradazione o vi sono delle cesure e frasi e periodi? Eppure non è tiepido il grande affetto in forza del quale, come bene ci accorgiamo, diviene bollente anche l'espressione.

Esempio di stile dimesso preso da Cipriano.

21. 45. Queste parole dell'Apostolo sono insieme evidenti e profonde. Esse sono state scritte e imparate a memoria, di modo che, se in esse qualcuno non contento d'una lettura superficiale cerchi di penetrarne le profondità, gli occorre non solo chi le legga e le ascolti ma anche chi le commenti. Vediamo pertanto gli stessi generi del dire in coloro che, attraverso la lettura dei testi scritturali, fecero progressi notevoli nella scienza delle cose divine e

salutari e poi la dispensarono alla Chiesa. Il beato Cipriano usa il genere dimesso in quel libro dove tratta del Sacramento del calice. Risolve in effetti il problema se il calice del Signore debba contenere soltanto acqua ovvero acqua mescolata a vino. Ma prendiamo da lì un qualche brano a mo' di esempio. Dopo l'apertura della lettera, cominciando ormai a risolvere la questione che si era proposto di trattare, dice: Sappi dunque che a noi è stato rivolto l'ammonimento che nell'offrire il calice dobbiamo osservare la tradizione apostolica e che non dobbiamo fare altro se non quello che per primo fece per noi il Signore: per cui il calice che si offre in sua memoria lo si offre con mescolanza di acqua e di vino. Dicendo infatti Cristo: " Io sono la vera vite " 63, il sangue di Cristo non è certo acqua ma vino. Né può aversi l'immagine che il suo sangue, con il quale siamo stati redenti e vivificati, si trovi nel calice se al calice manca il vino che rappresenta il sangue di Cristo, come insegnano il mistero e la testimonianza di tutte le Scritture. Troviamo infatti nella Genesi che questa stessa cosa accadde anticipatamente nel gesto simbolico di Noè, nel qual fatto ci fu una figura della passione del Signore. In effetti egli bevve il vino, si ubriacò, restò nudo in casa, giacque in terra con le cosce nude e scoperte, nudità che fu osservata dal suo figlio mezzano mentre dal figlio maggiore e da quello più piccolo fu ricoperta 64. Non è qui necessario riportare il resto, bastando riferire questo solo e cioè che Noè, fungendo da figura della verità avvenire, bevve non l'acqua ma il vino e così rappresentò la passione del Signore. Vediamo inoltre raffigurato il Sacramento del Signore nel sacerdote Melchisedech, secondo quello che attesta la divina Scrittura quando dice: " E Melchisedech, re di Salem, offrì pane e vino - era infatti sacerdote del Dio altissimo -, e benedisse Abramo " 65. Che poi Melchisedech fosse una figura di Cristo lo dichiara nei Salmi lo Spirito Santo quando parlando a nome del Padre dice al Figlio: " Prima della stella mattutina ti ho generato. Tu sei sacerdote in eterno secondo l'ordine di Melchisedech " 66. Questo e tutto il seguito della lettera conservano il tono di un parlare dimesso, cosa che ogni lettore può facilmente constatare.

Esempio tratto da Ambrogio.

21. 46. Lo stesso fa sant'Ambrogio. Sebbene tratti di un argomento elevato, lo Spirito Santo, e voglia dimostrare come esso sia uguale al Padre e al Figlio, usa un genere letterario dimesso, perché l'argomento che ha preso a trattare non gli richiede ornamenti di parole o mezzi atti a commuovere l'affetto per piegare gli animi ma solo una documentazione oggettiva. Pertanto, al principio dell'opera, dice fra l'altro: Gedeone, avendo udito che, sia pur venendogli a mancare migliaia di uomini, il Signore avrebbe liberato dai nemici il suo popolo mediante un solo uomo, spinto dalla predizione divina offrì un capretto.

Secondo l'ordine dell'angelo ne pose la carne sopra una pietra insieme con gli azimi e il tutto innaffiò con del brodo. Appena l'angelo di Dio toccò queste cose con la punta del bastone che teneva in mano, dalla pietra si sprigionò un fuoco che consumò il sacrificio che Gedeone stava offrendo 67. Da questo segno sembra sufficientemente indicato che quella pietra raffigurava il corpo di Cristo, poiché sta scritto: " Bevevano della pietra che li seguiva, e questa pietra era Cristo " 68. Questa nota non si riferisce certamente alla sua divinità ma alla sua carne, che inondò il cuore dei popoli assetati col fiume perenne del suo sangue. Già fin da allora dunque nel mistero fu reso noto che il Signore Gesù nella sua carne, una volta crocifisso, avrebbe cancellato i peccati del mondo, e non soltanto i delitti commessi con le azioni ma anche le cupidigie che hanno sede nell'animo. La carne del capretto dice infatti riferimento alle colpe di azione, mentre il brodo si riferisce alle attrattive della concupiscenza, come sta scritto: " Il popolo ebbe una pessima bramosia e disse: Chi ci darà carne da mangiare? " 69. Il fatto poi che l'angelo stese il bastone e toccò la pietra, dalla quale si sprigionò il fuoco, dimostra che la carne del Signore piena del divino Spirito avrebbe bruciato tutti i peccati degli uomini di qualsiasi condizione. Di questo diceva il Signore: " Sono venuto a portare il fuoco sulla terra " 70. Così nel resto del passo, dove egli si occupa soprattutto di insegnare e dimostrare il tema propostosi.

Esempio di stile temperato preso da Cipriano.

21. 47. Appartiene allo stile temperato l'elogio che fa Cipriano della verginità: Ora il nostro discorso si rivolge alle vergini, delle quali quanto più grande è la dignità tanto più grande deve essere in noi la cura. Sono il fiore spuntato dai germogli della Chiesa, splendore e ornamento della grazia spirituale, gioiosa prole nata a nostra lode ed onore, persone integre e incorrotte, immagine di Dio che rispecchia la santità del Signore, del gregge di Cristo porzione più splendente. Per esse e in esse gode e copiosamente fiorisce la gloriosa fecondità della madre Chiesa, e quanto più il numero della gloriosa verginità aumenta tanto più aumenta la letizia della madre 71. E in un altro passo, alla fine della lettera, dice: Come abbiamo portato l'immagine di colui che fu preso dal fango, così portiamo anche l'immagine di colui che discese dal cielo 72. Ora questa immagine la porta la verginità, la porta l'integrità, la porta la vera santità. La portano le vergini che ricordano i precetti di Dio, che praticano la giustizia unita alla religiosità, che sono salde nella fede, umili nel timore, forti in ogni genere di sopportazione, miti nel tollerare le offese, facili a usare misericordia, unanimi e concordi nella pace fraterna. Tutti questi precetti, ad uno ad uno, dovete rispettare, amare e mettere in pratica voi, o sante vergini, che, badando alle cose di Dio e di

Cristo e, scelta per voi la porzione maggiore e migliore, precedete [gli altri fedeli] nell'altare incontro al Signore, al quale vi siete consacrate. Voi che siete avanti negli anni siate maestre delle più giovani; voi più giovani prestate alle più anziane i vostri servizi e siate di stimolo per le coetanee. Tenetevi deste con vicendevoli esortazioni, provocatevi alla gloria con una gara di esempi virtuosi: perseverate coraggiosamente, avanzate spiritualmente, arrivate felicemente [alla mèta] Ricordatevi di noi quando la vostra verginità comincerà ad esser in voi coronata 73.

Esempio di stile temperato preso da Ambrogio.

21. 48. Anche Ambrogio usa il genere di esporre temperato e ornato quando alle vergini consacrate, come a modo di esempio, propone quello che debbono imitare nei [loro] costumi. Dice: Era vergine non solo di corpo ma anche di spirito; non macchiava la sincerità del suo affetto con alcun intrigo sleale. Era umile di cuore, seria nella parola, prudente nell'animo, assai moderata nel discorrere e avida di leggere. Riponeva la sua speranza non nelle ricchezze incerte 74 ma nell'ascoltare le suppliche dei poveri. Era assidua nel lavoro e riservata nel parlare; come giudice dei suoi pensieri era solita prendere Dio, non l'uomo; non danneggiava nessuno ma voleva bene a tutti 75. Rispettava le più anziane, non invidiava le compagne; fuggiva le vanterie, seguiva la ragione,

amava la virtù. Quando mai costei offese i genitori sia pure con un moto del volto? quando si mise in discordia con i vicini? quando sdegnò gli umili? quando si burlò del debole o si tenne lontana dal povero? Fra gli uomini, era solita visitare solo quelle categorie di cui per misericordia non doveva vergognarsi e che non doveva evitare per pudore. Nessun cipiglio negli occhi, nessuna espressione procace sulla bocca, nulla di sconveniente negli atti. Nessun gesto molle, non incedere sdilinquito, non voce pettegola; per cui la stessa bellezza del corpo non era altro che l'immagine dello spirito e l'espressione dell'onestà. Una buona casa la si deve poter riconoscere fin dal vestibolo, e, non appena si entra, si deve poter discernere che dentro non ci sono tenebre, quasi che la luce della lucerna collocata dentro risplenda anche fuori. A che scopo dunque ricorderò la sua sobrietà nel cibo e l'attività nei suoi molti servizi? Nell'una si spinse oltre i limiti della natura, nell'altra si privò di quello stesso che la natura richiede. Nell'una non frappose alcun intervallo, nell'altra digiunò a giorni alterni. E se talvolta le veniva il desiderio di rifocillarsi, prendeva tanto cibo quanto fosse stato sufficiente per non morire, non per soddisfare il suo gusto 76, eccetera. Ho scelto questo brano come esempio di stile temperato in quanto nel brano citato l'autore non si propone di far votare la verginità a coloro che non l'hanno votata ma dice come debbono essere coloro che ne han fatto voto. In effetti per ottenere che l'animo intraprenda un tale e tanto proposito occorre senz'altro che sia mosso e infiammato con un discorso solenne. Peraltro il martire Cipriano scriveva sul comportamento delle vergini, non sull'abbracciare il proposito di verginità; il vescovo Ambrogio invece ritenne doverle infiammare anche a questo [e lo fece] con eloquenza solenne.

Esempio di eloquenza solenne preso da Cipriano.

21. 49. Ricorderò tuttavia gli esempi di eloquenza solenne riferita ad un tema che tutti e due trattarono. Tutti e due infatti inveirono contro le donne che si colorano o, piuttosto, scolorano il viso con vari belletti. Trattando questo argomento dice, fra l'altro, il primo: Ecco un pittore che ha disegnato e abilmente colorato il viso, la bellezza e la forma corporea di una persona. Se, una volta dipinto e terminato il quadro, un altro, ritenendosi più esperto, vi mettesse le mani per rifare l'immagine già delineata e dipinta, sarebbe un grave torto verso il precedente artista e giusto sarebbe lo sdegno di costui. E tu crederai di poterti permettere impunemente l'audacia d'una così perversa temerarietà che offende Dio creatore? Se non sei, è vero, impudica nei riguardi degli uomini né ti tolgono la verginità i tuoi trucchi da sgualdrina, tuttavia avendo corrotto e violate le cose che sono di Dio diventi un'adultera ancora peggiore. Con quel che credi ornamento, con quel che credi fascino, tu attenti

all'opera di Dio, tu diventi prevaricatrice contro la verità. Ecco la parola dell'Apostolo che ti ammonisce: " Gettate via il lievito vecchio per essere una nuova pasta, poiché siete azzimi. Infatti Cristo, nostra Pasqua, è stato immolato, sicché dobbiamo celebrare la festa non con il lievito vecchio né con il lievito della malizia e della cattiveria ma con gli azzimi della schiettezza e della verità " 77. O che si mantengono forse la schiettezza e la verità, quando si deturpano le cose schiette e le cose vere si mutano in cose menzognere con l'adulterazione fatta per mezzo del colore e i trucchi dei belletti? Il tuo Signore ti dice: " Non puoi rendere bianco o nero uno solo dei tuoi capelli " 78, e tu per sopraffare la voce del tuo Signore osi reputarti da più di lui? Con tentativo sfrontato e con disprezzo sacrilego ti tingi i capelli, e, con cattivo presagio della sorte futura, ti auguri di avere fin d'ora capelli colore di fiamma 79. Sarebbe troppo lungo aggiungere tutto il resto dei discorso.

Esempio di eloquenza solenne preso da Ambrogio.

21. 50. Parlando contro queste stesse persone il secondo dice: Da qui nascono quegli incentivi ai vari vizi, per cui si tingono le labbra con colori artefatti, e, mentre temono di dispiacere al proprio marito, adulterando il volto preventivano l'adulterio della castità. Quale aberrazione è mai questa: mutare l'aspetto naturale e cercare di mascherarlo! Mentre temono il giudizio del marito, manifestano la

perversione del loro proprio giudizio. Colei infatti che desidera mutare le sue fattezze naturali pronunzia in primo luogo un giudizio contro di sé e mentre cerca di piacere agli altri, mostra già prima che non piace a se stessa. O donna, quale giudice cercheremo per valutare la tua bruttezza, all'infuori di te stessa, che temi di mostrarti [come sei]? Se sei bella, perché ti camuffi? Se sei brutta, perché vuoi apparire bella con falsi accorgimenti, non ottenendo grazia né dalla tua coscienza né da parte degli altri, che induci in errore? Tuo marito ama un'altra donna, tu vuoi piacere ad un altro uomo: e ti arrabbi se per caso ama un'altra, tu che gli sei stata maestra di adulterio! Sei tu la cattiva maestra del torto che subisci. Chi ha ceduto alle arti di un adultero rifugge dall'adulterio e, sebbene sia donna spregevole, non seguita a peccare con altri, sebbene pecchi dentro se stessa. Quasi quasi il peccato dell'adulterio è più scusabile poiché lì si pecca contro la castità, qui si altera la natura 80. Ritengo sufficientemente evidente che, dopo un simile tratto di eloquenza, le donne si sentano vivamente spinte a non alterare con belletti la loro forma naturale e a crescere nel pudore e nel timore. Pertanto questo genere di eloquenza non lo giudichiamo dimesso o temperato ma assolutamente solenne. E presso questi due uomini di Chiesa che fra tutti ho voluto citare e in altri che hanno insegnato il bene adeguatamente, cioè come richiesto dal tema, con acume, con abilità e fervore, in molti loro scritti o discorsi si possono trovare questi tre tipi di eloquenza; e chi li studia, a forza di leggerli o ascoltarli spesso, unendovi dell'esercizio personale può anche riuscire a farsene l'abitudine.

Il discorso si alterni come i flutti del mare.

22. 51. Non si deve credere che sia contrario alle norme [dell'arte retorica] mescolare queste tre specie [di eloquenza]; anzi, se lo si sa fare appropriatamente, il discorso venga proprio variato secondo tutte e tre. Se infatti nel parlare ci si dilunga sulla stessa specie, si fa poca presa sull'uditore; se invece si passa da una specie all'altra, anche se si va un po' per le lunghe, il discorso si snoda più gradito. E ciò anche se ogni singola specie ha in se stessa, quando chi parla è eloquente, delle variazioni che non permettono ai sensi di chi ascolta né di raffreddarsi né d'intiepidirsi. È tuttavia più facilmente tollerabile l'uso prolungato dello stile dimesso che non di quello solenne. Le emozioni dell'animo infatti quanto più le si deve suscitare nell'uditore perché ci presti l'assenso, tanto meno, quando detta emozione è stata sufficientemente suscitata, si deve pretendere che si protragga nel suo animo. Si deve pertanto evitare che, mentre vogliamo elevare più in alto colui che è già elevato, lo si faccia scendere più in basso dal punto che aveva raggiunto. Vi si interpongano quindi frasi dette in stile dimesso, e allora sarà bello il ritorno a ciò che è da dirsi in forma solenne, di modo che l'impeto dell'eloquenza si

alterni come i flutti del mare. Ne segue che lo stile solenne di eloquenza, se lo si deve usare a lungo, non deve essere il solo ad usarsi ma lo si deve rendere vario con l'inserzione degli altri generi del dire; tuttavia il discorso tutto intero lo si ascriverà a quel genere che in esso prevale.

Intervallare i generi l'uno con l'altro.

23. 52. È interessante stabilire quale genere si deve intervallare con l'altro e quando lo si debba fare, poiché ci sono norme certe e fisse. Difatti nel genere solenne gli inizi debbono essere sempre o quasi sempre di genere temperato, ed è lasciato alla libera scelta dell'oratore dire delle cose in stile dimesso, anche di quelle che potrebbero essere dette in stile solenne. In tal modo le cose che si dicono con alta eloquenza dal confronto con le altre acquistano in solennità e per loro, come attraverso a delle ombre, divengono più luminose. Qualunque poi sia il genere usato, capita che si debbano sciogliere i nodi di qualche difficoltà. Lì c'è bisogno di acume: cosa propriamente riservata al genere dimesso. Per questo un tal genere, anche collegandolo con gli altri due, si deve usare quando capitano argomenti di questo tipo: quando, ad esempio, si deve lodare o riprovare qualcosa che non richieda né la condanna o la liberazione della persona né l'assenso a una qualche azione. Se ciò capita in mezzo a un altro genere oratorio, si deve usare e interporre il genere

temperato. Nell'eloquenza solenne dunque trovano posto anche gli altri due generi, e lo stesso accade nell'eloquenza dimessa. Quanto al genere temperato, esso richiede, non sempre ma qualche volta, il genere dimesso, se, come ho detto, occorre risolvere il nodo di una qualche questione, o quando delle cose che potrebbero essere dette con linguaggio ornato non le si adorna ma le si dice con linguaggio dimesso affinché il posto più elevato lo si riservi agli ornamenti [del discorso], che così viene a trovarsi come sull'alto di un letto. L'eloquenza temperata non esige l'eloquenza solenne, in quanto si adopera per dilettare gli animi, non per eccitarli.

Effetti sorprendenti del dire solenne.

24. 53. Non si deve, ovviamente, ritenere che un oratore parli in stile solenne quando lo si acclama di frequente e con calore. Lo stesso risultato infatti ottengono e la finezza dello stile dimesso e gli ornamenti dello stile temperato. Il genere solenne al contrario il più delle volte col suo peso comprime le grida e fa sgorgare le lacrime. Una volta a Cesarea di Mauritania dovetti dissuadere il popolo da una guerra civile, o peggio che guerra civile, che essi chiamavano caterva. Era una battaglia feroce che in un determinato periodo dell'anno combattevano fra loro non solo i concittadini ma anche i parenti e i fratelli e persino i genitori e i figli. Si dividevano in due fazioni e si combattevano fra loro, a colpi di

pietre, per alcuni giorni di seguito e, come a ciascuno riusciva, si uccidevano anche. Feci naturalmente ricorso allo stile solenne, come ne ero capace, per sradicare dai loro cuori e costumi un male così crudele e così inveterato, sperando di estinguerlo con la mia parola. Non ritenni tuttavia d'essere riuscito a concludere qualcosa finché non li vidi piangere, non già quando li avevo sentiti applaudire. In effetti, con le acclamazioni mi indicavano che avevano capito e ne godevano, con le lacrime invece che si erano convinti. Quando dunque li vidi piangere ritenni vinta, prima ancora che me lo mostrassero con i fatti, quella feroce consuetudine loro tramandata dai padri e dai nonni e dagli antenati per lunghi secoli, consuetudine che assediava o, meglio, possedeva da nemica i loro cuori. Non appena terminato il discorso, li esortai a volgere il cuore e la bocca a Dio per ringraziarlo; ed ecco sono già circa otto o più anni dacché, per benevola concessione di Cristo, nessuna azione di quella sorta è stata più tentata in quella città. Ci sono molti altri esempi da cui impariamo che gli uomini non mediante grida ma gemiti o, talvolta, con lacrime o, finalmente, col cambiamento dei costumi dànno a divedere ciò che ha operato in loro la sublimità di un discorso sapiente.

Efficacia del genere dimesso.

24. 54. Anche con l'uso del genere dimesso si sono cambiate diverse persone: hanno potuto sapere quel

che non sapevano e credere a ciò che prima sembrava loro incredibile, non però si sono decise a praticare ciò che già sapevano doversi praticare ma non lo facevano. Per vincere una tale durezza c'è bisogno dell'eloquenza solenne. In realtà, le lodi e le disapprovazioni, quando le si dice con eloquenza anche usando il genere temperato, colpiscono certuni in modo che nelle lodi o nei rimproveri non solo si rallegrino per l'eloquenza ma anche desiderino vivere in modo lodevole ed evitino di vivere come loro si rimprovera. Ma forse che, tutti coloro che provano il gusto, di fatto si trasformano come fanno, quando si usa il genere solenne, tutti coloro che si convincono? Forse che, quando si usa il genere dimesso, imparano tutti coloro a cui si imparte l'insegnamento o credono nella verità delle cose fino allora sconosciute?

L'eloquenza temperata non è urgente come gli altri generi del dire.

25. 55. Da quanto detto si deduce che quei due generi che mirano alla pratica sono soprattutto necessari a quanti vogliono parlare con sapienza ed eloquenza. Viceversa il genere temperato, nel quale è l'eloquenza stessa che piace, non lo si deve adoperare come fine a se stesso. Lo si deve impiegare per ottenere più presto e più tenacemente l'assenso degli uditori a cose che si dicono utilmente e rettamente. Così facendo, gli uditori si muoveranno più prontamente per il diletto che provoca in loro il discorso ma non hanno bisogno

né dell'insegnamento né della spinta della parola, essendo già istruiti e inclini favorevolmente [all'azione]. In effetti, compito universale dell'eloquenza è, in tutti e tre questi generi, dire le cose in modo capace di ottenere la persuasione; il suo fine poi è persuadere con il discorso ciò che si intende [persuadere]. Orbene, in qualunque di questi tre generi si esprima l'oratore, dirà cose adatte per ottenere la persuasione, ma, se di fatto non persuade, non consegue il fine dell'eloquenza. Nel genere dimesso persuade che sono vere le cose che dice; nel genere solenne persuade a che siano tradotte in pratica le cose che già si conoscono come obbligatorie ma non si praticano; nel genere temperato persuade ad ammirare ciò che egli dice con begli ornamenti. Ma che bisogno abbiamo noi di ottenere una simile finalità? Ne vadano a caccia quelli che si gloriano della lingua e se ne vantano nei panegirici e in simili altri discorsi, dove nessuno è da istruirsi né da sospingersi a fare qualcosa ma l'uditore è soltanto da dilettarsi. Quanto invece a noi, riferiamo questa finalità all'altra: cioè anche mediante questo stile vogliamo conseguire quello che ci proponiamo quando parliamo in stile solenne, che cioè il bene morale venga amato e il male fuggito, sempre che la gente non sia così aliena da questo effetto da richiedere, a nostro avviso, proprio il parlare solenne. Lo usiamo inoltre affinché coloro che praticano il bene lo facciano con più cura e vi perseverino con maggiore fermezza. Ne segue che noi usiamo del genere temperato con la sua eleganza non per vanagloria ma conforme a sapienza; non ci contentiamo di dilettare l'uditore ma procuriamo che, anche con l'uso di questo genere, venga aiutato a raggiungere il bene che gli vogliamo inculcare.

La scelta dello stile nell'oratore ecclesiastico.

26. 56. Colui che parla con sapienza e si propone di parlare anche con eloquenza deve ricorrere a questi tre generi del dire, se vuol essere ascoltato in modo da essere compreso, da tornare gradito e da ottenere l'adesione. L'affermazione però non si deve intendere quasi che i singoli effetti corrispondano all'uno o all'altro dei tre generi, dimodoché al genere dimesso corrisponda l'essere udito con comprensione, al temperato l'essere udito con gradimento e al solenne l'essere udito con adesione. Comunque, l'oratore abbia sempre di mira queste tre finalità e per quanto può veda di conseguirle tutte, anche quando si limita ad uno solo di quei tre generi. Non vogliamo infatti procurare della noia quando parliamo in stile dimesso e per questo vogliamo essere ascoltati non solo in modo da essere compresi ma anche accolti volentieri. E quando insegniamo desumendo il nostro dire dalle testimonianze di Dio, cosa ci proponiamo se non d'essere ascoltati docilmente, cioè che si presti loro fede con l'aiuto di colui al quale fu detto: Le tue testimonianze sono tutte molto degne di fede 81?

Colui infatti che, sebbene con linguaggio dimesso, racconta qualcosa a chi la deve imparare, cosa intende se non che gli si creda? E chi vorrà ascoltarlo se non si concilia l'uditore anche con una certa eleganza? Se infatti non lo si comprende, chi non si rende conto che egli non potrà essere ascoltato né volentieri né docilmente? Spessissimo capita infatti che con il parlare dimesso si sciolgano questioni difficilissime e le si rendano chiare con una descrizione inattesa. Con esso parimenti si traggon fuori sentenze acutissime da non so quali nascondigli, da cui mai si sarebbe sospettato e le si mette in luce. Ci si convince di errore l'avversario e ci si insegna essere falso ciò che da lui era detto in maniera che sembrava irrefutabile. Con questo genere può andare unita soprattutto una grazia, non ricercata ma in certo qual modo ad esso connaturale, e un certo ritmo di clausole creato non per vanteria ma come necessario [al fraseggiare] e, per così dire, tratto dall'intimo delle cose stesse. In tali ipotesi lo stile dimesso è capace di strappare acclamazioni tali che a stento lo si potrebbe prendere per stile dimesso. Non dipende in realtà dal fatto che avanza disadorno o disarmato ma lotta a corpo nudo se riesce ad abbattere l'avversario con i nervi e con i muscoli, e così con le sue membra fortissime abbatte e distrugge la falsità che gli oppone resistenza. E perché mai con tanta frequenza e insistenza si acclamano coloro che usano questo genere del dire se non perché la verità così dimostrata, difesa e resa invincibile, provoca anche del piacere? Comunque, il nostro dottore e oratore anche quando usa questo genere dimesso deve ottenere il risultato di parlare non solo in modo da essere compreso ma anche ascoltato volentieri e docilmente.

Cautele nell'uso dello stile temperato.

26. 57. Anche l'eloquenza di genere temperato non è lasciata disadorna né la si abbellisce in maniera disdicevole dall'oratore ecclesiastico. Egli non cerca solo di piacere, unico intento che riscontra presso gli oratori profani, ma anche nelle cose che elogia o disapprova vuole senza dubbio essere ascoltato docilmente sia per quanto concerne il desiderare e conservare le une come nell'evitare e respingere le altre. Se però quando lo si ascolta non lo si comprende, non può nemmeno essere ascoltato volentieri. Pertanto quelle tre finalità, che cioè gli uditori comprendano, provino godimento e obbediscano, le si deve avere in vista anche in questo genere dove il primo posto lo tiene senza dubbio il dilettare.

Cautele nell'uso dello stile solenne.

26. 58. Quando poi è necessario smuovere e convincere l'uditore col genere solenne - e questo è necessario quando costui riconosce che si dice la verità e la si dice attraentemente ma poi si ricusa di

fare quanto vien detto -, allora senza dubbio bisogna ricorrere all'eloquenza solenne. Ma chi potrà muoversi all'azione senza conoscere quel che gli si dice? o chi viene afferrato in modo che presti ascolto se non ci prova alcun gusto? Ne segue che anche in questo genere, dove con la solennità del dire ci si preoccupa di piegare all'obbedienza il cuore indurito, l'oratore non sarà ascoltato docilmente se non è ascoltato in maniera da essere compreso e affascinato.

L'efficacia dell'oratore dipende dalla vita che vive.

27. 59. Per essere ascoltato docilmente, più che non la solennità dell'elocuzione, ha peso senza dubbio la vita dell'oratore. In effetti, uno che parla dottamente ed eloquentemente ma vive malamente, istruisce certo molti che sono bramosi di imparare ma, come sta scritto, non reca alcuna utilità alla sua anima 82. Al riguardo dice anche l'Apostolo: Sia per secondi fini sia con sincerità, purché si annunzi Cristo 83. In effetti Cristo è la verità, e tuttavia la verità può essere annunziata non con verità, cioè le cose giuste e vere possono essere predicate con cuore perverso e mendace. Così ad esempio viene annunziato Gesù Cristo da coloro che cercano i propri vantaggi, non quelli di Gesù Cristo. I buoni fedeli tuttavia, quando ascoltano, obbediscono non a un qualsiasi uomo ma al Signore in persona, secondo quello che egli diceva: Fate ciò che dicono ma non fate quello che fanno, poiché dicono e non fanno 84. Per questo

motivo si ascoltano utilmente anche coloro che non agiscono con profitto personale. In realtà essi vanno in cerca del proprio interesse ma non ardiscono insegnare dottrine personali, almeno quando parlano dall'alto della sede che occupano nella Chiesa e che è costituita dalla sana dottrina. In vista di ciò lo stesso Signore, prima di dire a loro riguardo quel che ho sopra ricordato, diceva: Sedettero sulla cattedra di Mosè 85. Orbene quella cattedra, non loro ma di Mosè, li costringeva a parlare bene, pur comportandosi male. Nella loro vita agivano guardando al proprio interesse; dall'insegnare cose proprie li distoglieva quella cattedra, che apparteneva ad altri.

Il predicatore confermi con la vita la parola che annunzia.

27. 60. Gli oratori che dicono cose che non fanno giovano, è vero, a molti; ma facendo quello che dicono gioverebbero a molti di più. Abbondano infatti persone che cercano di difendere la loro cattiva condotta appellandosi ai propri superiori e maestri. Nel loro cuore o, se la cosa giunge a farli sbottare, anche con la loro bocca rispondono dicendo: Ciò che comandi a me tu perché non lo fai? Succede così che non ascoltino docilmente il predicatore che, lui personalmente, non si ascolta e, insieme al predicatore, disprezzano la stessa parola di Dio che viene loro annunziata. Ne scrive l'Apostolo a

Timoteo. Dopo avere detto: Nessuno disprezzi la tua età giovanile, aggiunge anche il motivo per cui non deve essere disprezzato e dice: Ma sii modello ai fedeli nel parlare, nel comportamento, nell'amore, nella fede, nella castità 86.

Più che di piacere si cerchi di giovare.

28. 61. Un maestro di questo tipo, che voglia essere ascoltato docilmente, potrà parlare senza falsi pudori non solo usando lo stile dimesso e quello temperato ma anche quello solenne, per il fatto che non conduce una vita sciatta. Si è scelto la vita buona non trascurando nemmeno la buona fama ma arricchendosi di beni dinanzi a Dio e dinanzi agli uomini 87, temendo per quanto può l'uno e cercando il bene dei suoi simili. Anche nel suo parlare preferisce piacere più per le cose [che dice] che non per le parole [con cui le dice] e non ritiene di parlare meglio se non quando parla più conforme a verità. Un tal maestro non sarà servo della parola ma la parola del maestro. Questo infatti inculcava l'Apostolo: Non nella sapienza della parola perché non sia privata della sua efficacia la croce di Cristo 88. Si riferisce a questo anche quanto detto a Timoteo: Non disputare a parole, cosa che non giova ad altro se non alla rovina di chi ascolta 89. Non che questo sia detto al fine di non farci dire nulla in favore della verità quando gli avversari la impugnano. Dove andrebbero, se no, a finire le parole che, fra l'altro, dice mostrando quale

debba essere il vescovo: Che sappia insegnare la sana dottrina e controbattere gli avversari 90? Non sono infatti, le dispute di parole, arti per vincere l'errore con la forza della verità ma piuttosto per ottenere che le tue parole siano preferite a quelle dell'altro. Viceversa chi non fa dispute di parole, sia che parli in stile dimesso o temperato o solenne, questo intende con le sue parole: che la verità divenga palese, la verità piaccia, la verità spinga all'azione. Difatti anche la carità, che è fine del precetto e pienezza della legge 91, in nessun modo può essere buona quando le cose amate non sono vere ma false. È come quando uno ha bello il corpo ma deforme lo spirito: è da compiangersi più che se avesse deforme anche il corpo. Lo stesso si deve dire di quanti parlano eloquentemente di cose false: sono da compiangersi più che se ne parlassero in maniera sgraziata. In che cosa consiste dunque il parlare non solo con eloquenza ma anche con sapienza? Nell'usare, per le cose vere che occorra porgere all'uditorio, parole appropriate nel genere dimesso, brillanti nello stile temperato e possenti nello stile solenne. Ma se uno non riesce a ottenere le due cose insieme, preferisca dire con sapienza ciò che non sa dire con eloquenza, anziché dire con eloquenza cose insulse.

29. 61. Che se nemmeno questo [parlare in sapienza] gli riesce, si comporti in modo da dare agli altri il buon esempio, e faccia in modo che la sua condotta sia per loro una predica efficace.

L'ecclesiastico poco eloquente può attingere a discorsi scritti da altri.

29. 62. Ci sono, è vero, persone che possono declamare un bel discorso ma non riescono a comporre ciò che debbono pronunziare. In tal caso prendano uno scritto eloquente e sapiente composto da altri, lo imparino a memoria e lo declamino al popolo. Impersonandosi con l'altro, non fanno una cosa riprovevole. In questo modo, certo molto utile, un gran numero di persone diventano annunziatori della verità, pur non essendone maestri, purché tutti vadano d'accordo nel riferire le parole dell'unico Maestro e non ci siano scissioni fra loro 92. Persone come queste non le si deve spaventare con le parole del profeta Geremia, per bocca del quale Dio rimprovera coloro che rubano le sue parole, ciascuno dal suo vicino 93. Quelli che rubano infatti prendono la roba degli altri, ma la parola di Dio non è roba di altri se chi la prende è a lui soggetto; sarebbe roba altrui se uno, pur riferendola bene, vivesse male. Il bene che dice sembrerebbe concepito dal suo ingegno, ma in realtà è in contrasto con i suoi costumi. Pertanto dice Dio che rubano le sue parole coloro che vogliono apparire buoni, dicendo le cose di Dio, mentre invece sono cattivi regolandosi a proprio talento. Infatti, se ci badi attentamente, non sono essi a dire il bene che dicono. Come potrebbero infatti dirlo a parole se con la vita lo rinnegano? Non senza un perché di costoro dice

l'Apostolo: Professano di conoscere Dio ma a fatti lo rinnegano 94. Da un lato dunque sono essi che dicono, dall'altro lato non sono essi, poiché sono vere tutte e due le cose asserite dalla Verità. Parlando infatti di gente come questa diceva: Fate quello che dicono, ma non fate quello che fanno 95. Cioè: Fate quel che ascoltate dalla loro bocca, ma non fate ciò che vedete nelle loro opere. E seguitava: poiché dicono ma non fanno 96. Dunque sebbene non pratichino, tuttavia dicono. Ma in un altro passo, rimproverando gente come questa, diceva: Ipocriti, come potete dire cose buone se siete cattivi? 97 Sotto questo aspetto anche le cose che dicono, quando parlano di cose buone, non sono loro a dirle in quanto con la volontà e la condotta rinnegano quello che dicono. Così capita che un uomo facondo e cattivo componga un discorso in cui si annunzia la verità affinché sia pronunziato da un altro che non è elegante ma buono. In questo caso il primo da dentro se stesso estrae cose non sue, quest'altro da una sorgente a lui estranea riceve cose sue. Quando poi i buoni fedeli prestano quest'opera ad altri buoni fedeli, tanto gli uni che gli altri dicono cose proprie, poiché loro è il Dio a cui appartengono le cose che essi dicono ed essi se le rendono proprie perché, anche se non furono loro a comporre il testo, tuttavia vi conformano la vita vivendo secondo quelle norme.

Per ben predicare è necessario premettere la preghiera.

30. 63. Ecco dunque il nostro oratore sul punto di pronunciare il suo discorso davanti al popolo o a un qualsiasi gruppo, ovvero sul punto di dettare quel che sarà riferito al popolo o letto da chi vorrà o potrà. Preghi Dio affinché gli ponga in bocca un buon discorso 98. Se infatti la regina Ester, prima di parlare al re della salvezza temporale del suo popolo, pregò affinché Dio ponesse sulla sua bocca un discorso adeguato, quanto più deve pregare per ricevere un tal dono colui che si industria di ottenere con le parole e la scienza la salute eterna di tante persone 99? Quanto poi a coloro che proclameranno cose ricevute da altri, preghino prima di riceverle per coloro da cui le riceveranno, affinché sia dato ad essi ciò che da essi vogliono ricevere, e dopo che l'hanno ricevuto preghino affinché loro stessi possano ben proclamarlo e perché coloro per il cui bene si proclama lo ricevano. E della felice riuscita della proclamazione rendano grazie a colui dal quale, ne sono certi, hanno ricevuto il dono, di modo che chi si gloria si glori 100 in colui nelle cui mani siamo noi e tutti i nostri discorsi 101.

Agostino è soddisfatto dell'opera scritta, sebbene la ritenga prolissa.

31. 64. Il libro mi è riuscito più lungo di quel che

volessi o pensassi; ma non sarà lungo per colui che leggendolo o ascoltandolo, lo troverà gradito. Se poi per qualcuno è lungo e d'altronde lo vuole conoscere, lo legga per parti. Quanto poi a colui che non si cura di conoscerlo, non si lamenti della sua lunghezza. Per me personalmente, io ringrazio il nostro Dio per avere potuto in questi quattro libri esporre - sia pure con le modeste risorse a me date - non chi o come sono io (al quale molte cose difettano) ma chi e quale debba essere colui che si ingegna di recare non solo a se stesso ma anche agli altri un valido contributo fatto di dottrina sana, cioè cristiana.

NOTE PROLOGO

1 - Cf. At 2, 1-4.

2 - 2 Cor 12, 2-4.

3 - Cf. At 9, 3-7.

4 - Cf. At 10, 1-48.

5 - 1 Cor 3, 17.

6 - Cf. At 8, 26-35.

7 - Cf. Es 18, 14-26.

8 - Mt 25, 26-27.

9 - Gv 14, 6.

10 - Cf. 1 Cor 4, 7.

NOTE PRIMO LIBRO

1 - Mt 13, 12.

2 - Cf. Mt 14, 17-21; 15, 34-38.

3 - Cf. Es 15, 25.

4 - Cf. Gn 28, 11.

5 - Cf. Gn 22, 13.

6 - Cf. 2 Cor 5, 6.

7 - Cf. Rm 1, 20.

8 - Cf. Rm 11, 36.

9 - Cf. PLOTINO, Enn. 1, 6, 8; 6, 7, 36.

10 - 1 Cor 1, 25.

11 - 1 Cor 1, 21.

12 - Gv 1, 10.

13 - Cf. Rm 12, 2.

14 - Gv 1, 10.

15 - Gv 1, 14.

16 - Cf. Gv 10, 18.

17 - Cf. 1 Cor 12, 7.

18 - Cf. Ef 1, 23.

19 - Cf. Ef 5, 23-32.

40 - Lc 10, 37.

41 - Mt 5, 44.

20 - Cf. Rm 12, 4.

21 - Ef 5, 27.

22 - Cf. Mt 16, 19.

23 - Cf. 1 Cor 15, 50-53.

24 - Cf. Mt 25, 46.

25 - Cf. Gn 1, 26-27.

26 - Cf. Gv 13, 34; 15, 12.

27 - Cf. Ger 17, 5.

28 - Mt 22, 39.

29 - Mt 22, 37; Lv 19, 18; Dt 6, 5.

30 - Cf. 2 Tm 2, 18.

31 - Sal 10, 6.

32 - Ef 5, 29.

33 - Gal 5, 17.

34 - Ef 5, 29.

35 - Mt 22, 37-40.

36 - Cf. 1 Tm 1, 5.

37 - Cf. 1 Cor 13, 12.

38 - Lc 10, 29.

39 - Cf. Lc 10, 30-33.

54 - Prv 8, 22.

55 - Cf. Fil 3, 12-14.

42 - Rm 13, 9-10.

43 - Cf. Lc 10, 30-33.

44 - Sal 34, 14.

45 - Sal 15, 2.

46 - Es 3, 14.

47 - 1 Cor 1, 13.

48 - 1 Cor 3, 7.

49 - Cf. Ap 19, 10.

50 - Fm 20.

51 - Cf. Gv 1, 3.

52 - Cf. Gv 1, 14.

53 - 2 Cor 5, 16.

56 - Gv 14, 6.

57 - Cf. Gv 14, 9.

58 - Cf. Rm 13, 10; 1 Tm 1, 5.

59 - Cf. 1 Cor 8, 1-2.

60 - Cf. 1 Pt 3, 17.

61 - Cf. 1 Tm 1, 5.

62 - Cf. 2 Cor 5, 7.

63 - Cf. 1 Cor 13, 30.

64 - 1 Cor 13, 8.

65 - Cf. 1 Cor 13, 10.

66 - 1 Cor 13, 13.

67 - 1 Tm 1, 5.

NOTE SECONDO LIBRO

1 - Cf. Gv 12, 3. 7.

2 - Cf. Lc 22, 19-20.

3 - Cf. Mt 9, 20-22.

4 - Cf. Gn 11, 1-9.

5 - Ct 4, 2.

6 - Cf. Mt 22, 37-39.

7 - Cf. Mt 5, 6.

8 - Cf. 1 Cor 13, 12.

9 - Cf. 2 Cor 5, 6-7.

10 - Cf. Fil 3, 20.

11 - Cf. Sal 110, 10; Sir 1, 16.

12 - Cf. Retract. 2, 4, 2.

13 - Ibidem.

14 - 1 Cor 9, 9.

15 - Is 58, 7 (sec. LXX).

16 - Is 58, 7 (Vulg.).

17 - Rm 11, 14.

18 - Is 7, 9 (sec. LXX).

19 - Is 7, 9 (Vulg.).

20 - Cf. 2 Cor 5, 7.

21 - Sal 13, 3 (sec. LXX).

22 - Sal 13, 3 (Vulg.).

23 - Sap 4, 3 (sec. LXX).

24 - Nm 13, 19 (sec. LXX).

25 - Sal 131, 18.

26 - 1 Cor 1, 25.

27 - Cf. De civ. Dei 18, 43.

28 - Cf. Gv 9, 7.

29 - Cf. Mt 10, 16.

30 - Cf. Ef 4, 15.

31 - Cf. Ef 4, 22-24; Col 3, 9-10.

32 - Mt 7, 13.

33 - Cf. Gn 8, 14.

34 - Sal 50, 9.

35 - Cf. Es 24, 18; 1 Re 19, 8; Mt 4, 2.

36 - Cf. Mt 22, 37.

37 - Cf. Mt 17, 1-4; Mc 9, 2-6.

38 - Cf. At 2, 1ss.

39 - Cf. Gv 21, 6-11.

40 - Cf. Sal 32, 2; 91, 4.

41 - Cf. Gv 2, 20.

42 - Rm 1, 21-23.

43 - Sap 13, 9.

58 - Cf. VERG., Aen. 1, 2.

59 - Cf. AUG., Ep. 3, 2; De lib.

44 - Cf. Gn 25, 25.

45 - Dt 13, 2-3.

46 - Cf. 1 Sam 28, 14-20; Sir 46, 23.

47 - Cf. At 16, 16-18.

48 - 1 Cor 10, 19-20.

49 - Cf. Gv 2, 20.

50 - Cf. Lc 3, 23.

51 - Cf. Gv 1, 3.

52 - Cf. Rm 9, 5.

53 - Sir 37, 23.

54 - 1 Cor 15, 13.

55 - 1 Cor 15, 14.

56 - 1 Cor 15, 13.

57 - 1 Cor 15, 13.

arb. 2, 8, 22.

60 - TEREN., Andr. 1, 61.

61 - Cf. Es 3, 21-22; 12, 35-36.

62 - Cf. At 7, 22.

63 - 1 Cor 8, 1.

64 - Cf. 1 Cor 5, 7.

65 - Mt 11, 28-30.

66 - Cf. Es 12, 22.

67 - Ef 3, 18.

68 - Ef 3, 19.

69 - Cf. Gv 1, 3.

70 - Sal 50, 9-10.

71 - Sal 50, 10.

72 - Cf. 1 Re. 10, 14-27.

NOTE TERZO LIBRO

1 - Gv 1, 1-2.

2 - Fil 1, 22-24.

3 - 2 Cor 7, 12.

4 - 1 Cor 7, 34.

5 - Rm 8, 33-34.

6 - Rm 8, 34.

7 - Rm 9, 30.

8 - Gv 1, 46.

9 - Sal 138, 15.

10 - Gal 5, 21.

11 - 1 Ts 3, 7.

12 - 1 Cor 15, 31.

13 - 2 Cor 3, 6.

14 - Cf. Gal 3, 24.

15 - Cf. Mt 12, 1-14.

16 - Cf. Lc 6, 7.

17 - Cf. At 4, 34.

18 - Fragm. poet. rom., ed Baehrens 1886, p. 388.

19 - Cf. Lc 15, 16.

20 - Cf. Dn 6, 5.

21 - Rm 2, 5-9.

22 - Gal 5, 24.

23 - Cf. Ger 1, 10.

24 - Cf. Gv 12, 3.

25 - Cf. Osea 1, 2.

26 - Cf. Lc 24, 43.

27 - Gn 25, 34.

28 - Cf. VERGIL., Georg. 3, 65.

29 - Cf. Gn 16, 3; 25, 1; 2 Sam 5, 13.

30 - Tb 4, 16.

31 - Gv 6, 54.

32 - Prv 26, 21.

33 - Gv 12, 25.

34 - Sir 12, 4.

35 - Cf. Mt 19, 12.

36 - Cf. 1 Cor 7, 37.

37 - Sir 7, 37.

38 - Cf. 1 Cor 7, 2.

39 - Cf. Qo 3, 5.

40 - Tb 8, 7-10.

41 - Cf. 2 Sam 18, 33.

42 - Cf. 2 Sam 12, 15-23.

43 - Cf. 2 Sam 12, 1-14.

44 - Cf. 1 Re 11, 1.

45 - Cf. 2 Cr 1, 7-12.

46 - 1 Cor 10, 12.

47 - Gc 4, 6.

48 - Mt 16, 11.

49 - Lc 13, 21.

50 - Ap 5, 5.

51 - 1 Pt 5, 8.

52 - Mt 10, 16.

53 - 2 Cor 11, 3.

54 - Gv 6, 51.

55 - Prv 9, 17.

56 - Sal 74, 9.

57 - Ibidem.

58 - Ap 17, 15.

59 - Gv 7, 38.

60 - Sal 34, 2.

61 - Sal 5, 13.

62 - Ef 6, 16.

63 - 1 Ts 5, 8.

64 - Cf. Ap 1, 20.

65 - TYCHON., Praef.

66 - Gal 3, 29.

67 - Is 61, 10.

68 - Ct 1, 5.

69 - Cf. Mt 13, 48.

70 - Cf. Gn 21, 10; Gal 4, 30.

71 - Is 42, 16-17.

72 - Cf. Mt 24, 51.

73 - Ef 6, 23.

74 - 1 Cor 11, 19.

75 - Cf. Rm 12, 3.

76 - Fil 1, 29.

77 - Ez 36, 17-19.

78 - 1 Cor 10, 18.

79 - Ez 36, 23.

80 - Ez 36, 24-29.

81 - Is 10, 22.

82 - 2 Cor 3, 2-3.

83 - Ef 5, 27.

84 - Cf. Sal 26, 13.

85 - 2 Ts 1, 9-10.

86 - Cf. Ap 21, 1.

87 - Cf. Lc 9, 28; Mt 17, 1-2; Mc 9, 1-2.

88 - Cf. Mt 12, 40.

89 - Sal 118, 164.

90 - Cf. Ger 25, 11; 29, 10.

91 - Cf. Ap 7, 4.

92 - Gn 2, 8-9.

93 - Gn 2, 9.

94 - Gn 2, 15.

95 - Gn 10, 10.

96 - Gn 10, 31.

97 - Gn 10, 32; 11, 1.

98 - Lc 17, 29-32; cf. Gn 19, 26.

99 - 1 Gv 2, 18.

100 - Rm 2, 5; 13, 11.

101 - Cf. Mt 25, 41.

102 - Cf. Ef 1, 22- 23.

103 - Cf. Lc 3, 17.

104 - Is 14, 12.

105 - Ibidem.

106 - Cf. Sal 1, 4.

107 - Prv 2, 6.

NOTE QUARTO LIBRO

1 - Cf. supra 1, 1, 1.

2 - Cf. CICERO, De orat. 3, 146.

3 - Cf. CICERO, De inv. 1, 1.

4 - Sap 6, 26.

5 - Rm 5, 3-5.

6 - 2 Cor 11, 16-30.

7 - 2 Cor 11, 31.

8 - 2 Cor 11, 6.

9 - Cf. 2 Cor 10, 10.

10 - Cf. Amos 7, 14-15.

11 - Amos 6, 1-6.

12 - Amos 6, 1.

13 - Amos 6, 2-3.

14 - Amos 6, 4.

15 - Amos 6, 5-6.

16 - Ibidem.

17 - Amos 6, 4.

18 - Amos 6, 5-6.

19 - Amos 6, 6.

20 - Cf. CICERO, De orat. 1, 146; Brutus 30. 46.

21 - Cf. CICERO, De orat. 1, 78.

22 - Sal 15, 4.

23 - Cf. CICERO, De orat. 1, 69.

24 - Ger 5, 30-31.

25 - Cf. Ger 46, 22.

26 - Sal 34, 18.

27 - CYPR., Ad Donat. 1.

28 - Cf. Sap 7, 16.

29 - Mt 10, 19-20.

30 - Mt 6, 8.

31 - 1 Tm 4, 11.

32 - 1 Tm 5, 1.

33 - 2 Tm 1, 13.

34 - 2 Tm 2, 15.

35 - 2 Tm 4, 2.

36 - Tt 1, 9.

37 - Tt 2, 1-2.

38 - Tt 2, 15.

39 - Tt 3, 1.

40 - 1 Cor 3, 7.

41 - Sal 142, 10.

42 - 2 Tm 3, 14.

43 - CICERO, De orat. 1, 101.

44 - Lc 16, 10.

45 - 1 Cor 6, 1-9.

46 - Cf. Mt 10, 42.

47 - Cf. 2 Mac 1, 32.

48 - Gal 4, 21-26.

49 - Gal 3, 15-18.

50 - Gal 3, 19-21.

51 - Gal 3, 22.

52 - 1 Tm 5, 1-2.

53 - Rm 12, 1.

54 - Rm 12, 6-16.

55 - Rm 13, 6-8.

56 - Rm 13, 12-14; cf. Confess. 8, 12, 29.

57 - Cf. HIERON., In Iob. Prol.

58 - VERG., Aen. 7, 507.

59 - 2 Cor 6, 2-11.

60 - Sal 43, 22.

61 - Rm 8, 28-39.

62 - Gal 4, 10-20.

63 - Gv 15, 1.

64 - Cf. Gn 9, 20-23.

65 - Gn 14, 18.

66 - Sal 109, 4; CYPR., Ep. 63, 2-4 (ad Caecilium, de Sacram. calicis)

67 - Cf. Gd 6, 11-21.

68 - 1 Cor 10, 4.

69 - Nm 11, 4.

70 - Lc 12, 49; AMBROS., De Spiritu S., prol. 2-3.

71 - CYPR., De disciplina et habitu virginum 3, 23.

72 - 1 Cor 15, 49.

73 - CYPR., De disciplina et habitu virginum 3, 24.

74 - Cf. 1 Tm 6, 17.

75 - Cf. TEREN., Adelph. 864.

76 - AMBROS., De virgin. 2, 2, 7-8.

77 - 1 Cor 5, 7-8.

78 - Mt 5, 36.

79 - CYPR., De disciplina et habitu virginum 15 ss.

80 - AMBROS., De virgin. 1, 6, 2.

81 - Sal 92, 5.

82 - Sir 37, 22.

83 - Fil 1, 18.

84 - Mt 23, 2.

85 - Mt 23, 2.

86 - 1 Tm 4, 12.

87 - Cf. 2 Cor 7, 21.

88 - 1 Cor 1, 17.

89 - 2 Tm 2, 14.

90 - Tt 1, 9.

91 - 1 Tm 1, 5; Rm 13, 10.

92 - Cf. 1 Cor 1, 10.

93 - Ger 23, 30.

94 - Tt 1, 16.

95 - Mt 23, 3.

96 - Ibid.

97 - Mt 12, 34.

98 - Cf. Est 14, 13.

99 - Cf. 1 Tm 5, 17.

100 - 1 Cor 1, 31.

101 - Cf. Sap 7, 16.

Indice generale

PROLOGO..**7**

Fine dell'opera..7
Previste difficoltà di critici e malevoli.....................7
Risposta alle diverse critiche.................................8
Esempi illustrativi dell'assunto..............................11

LIBRO PRIMO...**15**

Aiuto divino necessario per trattare questioni
scritturali...15
Cosa in sé e cosa come segno................................16
Classificazione delle cose....................................17
Godimento ed uso delle diverse cose........................18
Oggetto del nostro godere è solo Dio-Trinità...........19
Dio ineffabile gradisce la nostra lode.....................19
Varie concezioni della Divinità..............................20
Il vero Dio dev'essere vivo e sapiente.....................22
Dio è vita e sapienza immutabile.............................23
I puri di cuore vedranno Dio..................................24
L'uomo salvato dalla debolezza di Dio.....................24
Il sapiente piano di Dio rivelato a chi crede............25
Il Verbo s'incarna rimanendo immutabile..................26
Cristo, sapienza incarnata, medico dell'umanità.......26

Cristo morto, risorto e giudice supremo..................28
La Chiesa corpo e sposa di Cristo.............................29
Cristo, rimettendo i peccati, ha aperto la via verso la
patria...29
Alla Chiesa Cristo affida poteri divini.....................30
Morte e risurrezione dell'anima e del corpo.............30
La pena della seconda morte.....................................31
Retribuzione finale dei buoni e dei cattivi...............31
Motivo per amarci a vicenda....................................32
Amare per godere del bene indefettibile...................32
Non sia identico l'amore per le diverse cose.............34
Amore encomiabile e amore biasimevole.................35
Se e come debba amarsi il corpo...............................35
Le radici del conflitto fra carne e spirito..................36
Il corpo e la sua salute sono amati da tutti................38
Nell'amore al prossimo è incluso l'amore verso se
stessi...39
Ogni essere va amato per il rapporto che ha con Dio.
....40
Graduatoria nell'erogare l'amore..............................41
Godiamo se tutti gli uomini amano Dio....................41
Amore universale: per angeli e uomini.....................43
L'amore non fa il male a nessuno.............................44
Amare l'uomo per amore di Dio................................45
Dio si serve di noi, non gode di noi.........................46
Che Dio si serva di noi è a nostro vantaggio...........46
Non riponiamo nelle creature il nostro fine..............47
Godi pure dell'uomo, ma nel Signore.......................48
Cristo nostra via..49

Non perdere di vista l'economia della salvezza........50
Fine della Scrittura è l'edificio della carità. Occorre la retta interpretazione...............51
Prima di tutto si ricerchi il senso inteso dall'autore.. 52
La Scrittura spada a due tagli...............53
Beni temporali e beni eterni. Desiderio e possesso.. 54
Fede, speranza e carità rapportate alla Scrittura.......54
Per esporre efficacemente la Scrittura, si richiedono fede, speranza e carità..............55

LIBRO SECONDO..............................**57**

Le cose in sé e come segno...............57
Varie specie di segni...............57
I segni intenzionali...............58
Principe fra i segni è la parola...............59
Lo scritto dà solidità alla parola...............60
La Bibbia, libro scritto in diverse lingue.............61
Utile la presenza di difficoltà nella Scrittura...........61
Comprendere i passi difficili in base ai più facili.....63
Una duplice conversione necessaria al biblista........64
Lo Spirito Santo per comprendere la Scrittura........65
Fine di tutti i doni dello Spirito è la Sapienza..........66
Libri canonici e libri apocrifi. Criteri di canonicità.. 67
Canone biblico accettato da Agostino.......................68
Retto modo di procedere nello studio della Scrittura.
...............70
Difficoltà create dai segni in uso nella Bibbia..........71
Indispensabile la conoscenza delle lingue,

specialmente il greco e l'ebraico.............................72

Grande utilità forniscono i testi paralleli.................73

Esempi per inculcare la conoscenza delle lingue
originali...75

Le finezze del latino, gradite ai puristi, non necessarie
ai pii...76

Nell'avvicinarsi alla Scrittura occorre intelligente
semplicità...77

Conoscenza delle lingue e confronto fra i diversi
codici...79

Fra le versioni preferibile l'Itala e, soprattutto, quella
dei Settanta...80

Anche i tropi o traslati sono ricchi di insegnamenti. 82

Esempi di cose naturali usate in senso traslato........83

La penetrazione dei numeri utile per
l'approfondimento della Scrittura............................85

Nozioni di musica e comprensione della Scrittura....87

Esempio di racconti favolosi: l'origine delle Muse...88

Il cristiano accetta la verità anche se scoperta da
pagani...89

Distinzione fra le dottrine del paganesimo...............90

Vacuità e stoltezza di molte superstizioni pagane.....90

Superstizioni balorde ridicolizzate dallo stesso
Catone...91

Le scempiaggini dei genetliaci o matematici...........92

Grave errore e pazzia condizionare la vita umana al
corso delle stelle...94

La presunzione umana, causa di falsità..................95

Gli angeli cattivi intervengono talora ad ingannare

l'uomo...96
Dio permette la pestilenziale combutta tra demoni e
uomini perversi......................................97
Alla radice di molte superstizioni c'è la curiosità o
l'ansia..99
Rappresentazioni umane non superstiziose............100
Istituzioni umane valide o truffaldine..................101
Il cristiano illuminato sa scegliere fra le diverse
invenzioni umane....................................102
Osservazioni di dettaglio...........................103
Somma utilità della storia..........................104
Con la conoscenza della storia si risolvono molte
questioni bibliche..................................105
Altro è la storia, altro le fantasticherie di certi pagani.
....106
Vantaggi e pericoli delle cognizioni scientifiche....106
Astronomia e astrologia.............................107
Le conoscenze delle varie attività umane.............109
Conoscenza della dialettica, dei suoi vantaggi e
pericoli..110
Occhi aperti di fronte ai tranelli del dialettico........111
Struttura ed efficacia del sillogismo.................112
Nesso fra premesse e conclusioni....................113
Regole della logica e verità delle affermazioni.......114
Definizioni vere, possibili anche in cose false........115
Norme e limiti dell'eloquenza.......................116
Non si preferiscano retorica e dialettica alla sapienza
del cuore...117
La scienza dei numeri...............................119

Le creature dovrebbero portare l'uomo alla lode del creatore.................119
Il giovane cristiano di fronte alle conquiste della scienza.................120
Utilità dei sussidi biblici: lavoro da incrementarsi. 121
Conquiste filosofiche e arti liberali: da usarsi con criterio.................122
Autori cristiani ben forniti di cultura classica.........124
Accostarsi alla Scrittura ricchi di scienza e carità. Proprietà dell'issopo.................125
Confronto fra S. Scrittura e scienze umane...........127

LIBRO TERZO.................129

Ammonimento introduttivo.................129
Come ovviare all'ambiguità di certi passi scritturali.
.................130
Badare alla punteggiatura per evitare ambiguità....130
Esempi illustrativi.................131
Ambiguità di separazione insolubile.................132
Pronunce e accentuazioni dubbie.................133
Il testo e il contesto aiutano a risolvere frasi ambigue.
.................134
Esempi di come risolvere frasi ambigue.................135
È grande schiavitù dello spirito fermarsi ai segni invece di cercare le cose significate.................137
La lettera uccide, lo Spirito dà vita. Espressioni figurate.................138
Le genti schiave di segni vani.................139

Libertà cristiana e schiavitù dei Giudei e dei pagani.
....141
Prerogativa ed efficacia dei segni del Cristianesimo.
....141
Accertarsi se una locuzione è propria o figurata....143
Autorità dell'insegnamento scritturale e valutazioni
umane...143
Carità e cupidigia...144
Interpretazione di passi o frasi dure poste in bocca a
Dio...145
Interpretazione di comportamenti meno onesti del V.
T..146
Nel giudizio badare ai luoghi, ai tempi e alle persone.
....147
Legge morale e comportamenti licenziosi dei
Patriarchi...148
Osservazione integrativa.................................149
Norme di giustizia e costumanze dei popoli...........150
Nessun linguaggio figurato là dove s'inculca la carità.
....151
Si prendano in senso figurativo i precetti
inconciliabili con la carità...............................151
Distingui i precetti generali e le norme personali...153
Ad epoche diverse precetti e concessioni diverse...154
Si chiarisce come mai la poligamia invalse tra gli
Ebrei...154
Gli scostumati ritengono impossibile la continenza.
....156
Se condizionate, sono giuste le lodi date ai Patriarchi.

....156
Gli Apostoli e i Patriarchi: loro autocontrollo........157
Gli scostumati non sanno cosa sia controllarsi.......157
Davide piange la morte di Assalonne, figlio ribelle.
....158
Riflessione sui peccati di Davide e di Salomone....158
Al cristiano non converrebbe il comportamento lecito
nel V. T...160
Evitare le tempeste morali, compiangere i naufraghi.
....161
Richiamo a una lettura intelligente del testo sacro. 161
Identico il segno, duplice il significato...................162
Esempi della legge di cui al paragrafo precedente. 162
Frasi con molteplice significato...................164
Spiegare i detti oscuri in base ai più chiari............164
Come scegliere il vero senso biblico quando il testo
ne consente parecchi..................................165
Testi affini e argomenti razionali nell'interpretazione
della Scrittura..166
Tropi, o traslati, presenti nella Scrittura...................166
Esempi di ironia o antifrasi...................................167
Elenco delle Regole di Ticonio, e loro valutazione
globale..168
Le Regole di Ticonio vanno applicate con la massima
cautela..170
La prima Regola di Ticonio...................................171
La seconda Regola di Ticonio...............................172
La terza Regola di Ticonio.....................................173
La quarta Regola di Ticonio...................................175

Esempi di casi dove specie e genere si confondono.
....176
Ancora esempi illustrativi: Israele spirituale e carnale.
....178
Quinta Regola di Ticonio ed esempi illustrativi.....180
Numeri perfetti e loro portata mistica....................181
Sesta Regola di Ticonio...182
Esempio tratto dal racconto della torre di Babele...183
La Regola della Ricapitolazione applicata a Lc 17,
29-32...185
Settima Regola di Ticonio.....................................186
Conclusione del libro. I generi letterari; la necessità
della preghiera..187

LIBRO QUARTO..**189**

Tema del quarto libro..189
Non è un trattato di retorica profana.....................189
Il dottore cristiano deve possedere l'arte retorica.. .190
Età e metodo adatti allo studio della retorica.........191
I bambini imparano ascoltando gli adulti...............193
Il linguaggio dell'oratore cristiano varia secondo le
circostanze..194
Lo stesso si dica di ogni oratore............................195
L'oratore cristiano dev'essere sapiente prima che
eloquente..195
Non a scuola ma dai libri degli oratori si apprende
l'oratoria...196
L'eloquenza dei libri sacri è, nella sua peculiarità,

eccellente..198
L'eloquenza degli autori sacri sgorga dalla sapienza.
....199
Rm 5, 3-5, bell'esempio di arte retorica..................200
Altro magnifico esempio in 2 Cor 11, 16-30..........201
Analisi e note a 2 Cor 11, 16-30............................203
Gli autori sacri scrivono evitando l'ostentazione....206
Paolo non è il solo autore sacro che scriva con
eloquenza..206
Eloquenza in Amos 6, 1-6......................................208
Riflessioni su Amos 6, 1-2......................................209
Riflessioni su Amos 6, 3-4......................................210
Riflessioni su Amos 6, 5-6......................................211
Riflessioni su Amos 6, 6......................................212
La sapienza e l'eloquenza degli agiografi derivano da
Dio..212
È dono di Dio essere buon interprete della Scrittura.
....213
Come affrontare le questioni difficili e a chi proporle.
....214
La scrupolosità linguistica ceda all'appropriata
comprensione del senso..215
Insistenza doverosa e verbosità nociva..................216
L'eloquenza rende manifesto ciò che è oscuro.......218
L'oratore deve istruire, piacere, convincere..........219
Il compito primario dell'oratore è istruire..............220
Per ottenere conseguenze pratiche positive occorrono
varie doti nell'oratore..222
L'eloquenza sia usata per inculcare cose vere e sante.

....223

Un'eloquenza pomposa non si addice all'oratore
cristiano...224

Prima di tenere il discorso occorre pregare il Padre
della luce..225

Il dovere della predicazione è indispensabile e
sublime...226

Triplice funzione dell'oratoria e stile corrispondente.
....229

La gravità dei temi religiosi esige sempre un dire
elevato..230

Conferma desunta da 1 Cor 6, 1-9........................231

Siccome noi parliamo del Vangelo, il nostro dire verte
sempre su cose importanti....................................232

Uno stesso argomento può presentarsi in toni diversi.
....233

Esempio di stile dimesso (Gal 3, 15-22)................234

Esempi di stile temperato, presi da S. Paolo...........237

Nella Scrittura solo raramente sono osservate le leggi
della prosodia e metrica.......................................239

Lo stile solenne è talvolta richiesto nell'oratore sacro.
....240

Rm 8, 28-39: bell'esempio di eloquenza solenne....242

Gal 4, 10-20: altro esempio di eloquenza solenne..243

Esempio di stile dimesso preso da Cipriano...........244

Esempio tratto da Ambrogio.................................246

Esempio di stile temperato preso da Cipriano........248

Esempio di stile temperato preso da Ambrogio......249

Esempio di eloquenza solenne preso da Cipriano.. 251

Esempio di eloquenza solenne preso da Ambrogio. 252
Il discorso si alterni come i flutti del mare............254
Intervallare i generi l'uno con l'altro.......................255
Effetti sorprendenti del dire solenne.......................256
Efficacia del genere dimesso...................................257
L'eloquenza temperata non è urgente come gli altri generi del dire...258
La scelta dello stile nell'oratore ecclesiastico.........260
Cautele nell'uso dello stile temperato.....................262
Cautele nell'uso dello stile solenne.........................262
L'efficacia dell'oratore dipende dalla vita che vive.263
Il predicatore confermi con la vita la parola che annunzia...264
Più che di piacere si cerchi di giovare....................265
L'ecclesiastico poco eloquente può attingere a discorsi scritti da altri...267
Per ben predicare è necessario premettere la preghiera..269
Agostino è soddisfatto dell'opera scritta, sebbene la ritenga prolissa..269

NOTE PROLOGO...271

NOTE PRIMO LIBRO...272

NOTE SECONDO LIBRO.....................................275

NOTE TERZO LIBRO..278

NOTE QUARTO LIBRO..281

CERCA LE ALTRE OPERE DI SANT'AGOSTINO SU

LIMOVIA.NET

GRAZIE!

www.ingramcontent.com/pod-product-compliance
Lightning Source LLC
Chambersburg PA
CBHW051943090426
42741CB00008B/1246

* 9 7 8 1 7 8 3 3 6 2 3 5 6 *